菊地雅洋

介護の詩《うた》

明日へつなぐ言葉

ヒューマン・ヘルスケア・システム

はじめに

私たちは、普段何気なく目にした文章や、何気なく耳にした言葉に感銘を覚えることがあります。偉人と呼ばれる人々が残した名言に勇気づけられ、テレビドラマの主人公が話すセリフや、好きな歌手が口ずさむ歌詞に心を震わせることがあります。人は、感動する言葉に出会うことによって元気になれるのです。気に入った言葉を常に自分の心に留めておいて、戒めや励ましとする人もいます。それが「座右の銘」と言われるものです。

本書は、人や介護のあり方について、九十九篇の言葉に込めた筆者の思いを綴ったものです。その目的は、対人援助の場で働く人々、対人援助の職業を目指す人々、対人援助のサービスを利用する人々とその家族に勇気を与え、元気になってもらいたいというものです。特に対人援助の場で働く人々には、これらの言葉を通じてあらためて人間の存在の尊さ、介護サービスの素晴らしさを感じてもらい、明日へとつながる勇気と力を感じ取っていただきたいと思います。

言葉にしなくても伝わる思いがありますが、言葉にしないと伝えるべきことが一瞬で消えていくかもしれません。言葉にして文章に残してこそ、初めて人々の記憶に残ることがあります。

日本語は語彙《ごい》が豊富で、美しい表現方法が限りなくあります。僕が日頃抱いている思いを文章で伝えることにより、対人援助の場でがんばっている仲間に感動を与え、エールを送ることができるのではないかと考えました。僕が日本語の特長を十分に引き出し、仲間の記憶に残るような言葉として自分の思いを表現できたかどうかは、読者の皆さんに判断してもらうしかありません。ただ、僕は僕の思いをできるだけ素直に、わかりやすい言葉で表現したつもりです。

古来より我が国には「言霊《ことだま》」という考え方があり、言葉には不思議な力が宿っていると言われています。それは言葉に込められた「魂」であり、時に「言魂」と表現されることがあります。それは決して禍々《まがまが》しいものではなく、本来、善良なものとして使われる言葉です。

本書に綴った言葉も、僕自身の魂の叫びという意味があります。介護に対する善良でポジティブな思いを表現しています。その思いをここに明らかにすることで、対人援助の場で働く仲間の皆さんに、介護という職業の誇りが伝われば
と願っています。

菊地雅洋

本書は書き下ろしです。文中の「赤い花」という表現は、著者が感銘を受けた『家栽の人』（毛利甚八作・魚戸おさむ画／小学館文庫）のセリフ「君はどっちになりたいですか？　赤い花に慰められる人と慰める赤い花と…」に由来するものです。

contents

菊地雅洋　介護の詩《うた》　明日へつなぐ言葉

第三章　あなたがいるから 地域で暮らし続けられる……153

第一章
心の青空を信じて

01

あきらめない介護と思い込まない介護

あきらめない介護とは、その対象者の隅々まで観察し、いろいろなことに気づく感性を持つ介護のことです。

僕の職場で実践している看取り介護のコンセプトの一つに、「あきらめない介護」というものがあります。最期まで口から食べ物を摂取することを諦めない。湯船につかる習慣を持つ日本人として、最期まで湯船に入る入浴支援を諦めない。人と接することも、活動に参加することも諦めない。

諦めない介護を目指すことは、看取り介護対象者の隅々までを観察し、いろいろなことに気づく感性が求められます。それができてこそ、真の意味で我々が看取り介護対象者の「代弁者」となり得て、最期の瞬間に傍らにいることが許されるのだと考えています。

同時に、諦めない介護には、思い込まないことが必要になります。看取り介護だから「～である」と思い込まない。認知症の人だから「～である」と思い込まない。思い込みを捨てて、一人ひとりを見つめるという気持ちがないと、本当の意味で一人ひとりに寄り添うなんてことはできないと思います。それができて初めて、我々は介護のプロと言えるのではないでしょうか。

どうか自分を諦めないで、介護のプロを目指す人になってください。

02

芽を摘む人、花を咲かせる人

施設の管理者は、自分の花を咲かせようとする若い人を育てる役割があります。

介護サービスの現場において、他人の仕事の粗探しをしながら、反対のための反対意見を繰り返す人がいます。その行為によって、誰かが幸せになっているというのなら、まだ耳を貸す余地はあります。しかし、自分からは何もしない人の反対意見に価値があるでしょうか。

僕らが耳を澄まし、目を見開いて、学ぶべき人とは、誰かの心に真摯に寄り添う「赤い花」になっている人です。自分の花も咲かせてもいないのに、人の行動を批判するだけの人を「口舌《こうぜつ》の徒《と》」と呼びます。少なくとも、僕はそう呼ばれないように、介護サービスの実践者であり続けたいと思っています。そして、その場にたくさんの「赤い花」を咲かせたいと思っています。

介護施設の管理者は、「赤い花」になろうとしている若い芽を摘むことなく、成長していけるように導かねばなりません。肥料をまき、水を与え、雑草を摘み、花畑を作り上げる使命を担っていると思います。畑を踏み荒らすことを恥ずかしいと思える人を育て、自分の花を咲かせようとする人を育てるのが、管理者の最も大事な役割だと思っています。

03

「魂」は「鬼」にもなる

「魂」が「鬼」へと変わらぬように、お互いに言い合える職場が必要です。

介護サービスにおける職場内の多職種チームには「魂」が必要だと思います。それはあまりにも抽象的で目標にならないのではないかという人がいますが、形のない「愛」や「魂」というものを反映できない介護サービスは、虚《むな》しい介助行為に過ぎないのではないでしょうか。介護チームの「魂」とは、利用者の暮らしを向上させるために、チーム内でお互いを評価しながら、言うべきことをきちんと言い合える魂です。介護のプロとして良い仕事をするために、自由に意見を言い合える魂なのです。「魂」という文字には「云《い》う」という文字が入っています。この「云う」という文字を「魂」から外してしまうと、「鬼」という文字になってしまいます。云い合えなくなった瞬間から、そのチームの「魂」は「鬼」に変わってしまうのです。

そこで提供されるサービスとは、魂のこもらないおざなりのサービスであり、時として自らの心の鬼に気づかない、人を傷つける行為にしか過ぎなくなるのではないでしょうか。それは人権侵害さえ生みかねない行為に置き換わってしまうのではないでしょうか。

どうぞ、自らの魂が鬼に変わらないように、皆で云い合うチームを作りましょう。

04

感謝する心、もてなす心

良い技術を持つ前に、良い心を持つ人になってください。感じの良い介護士がいいのです。

全国の介護実習生の皆さん、どうか人の心の痛みをわかる人になってください。人が人に対して恥ずかしさを感じるとき、私たちはどのように配慮するべきか、心の負担を少しでも軽くすることができる方法を考える人になってください。

実習中におむつ交換をされる高齢者の方々は、教材ではなく尊厳ある人間です。一人ひとりが、これまで家族を支え、地域を支え、この国を支えてきたかけがえのない人々なのです。学生の知識と技術を高めるために、人に見られて恥ずかしい部分をあらわにして協力してくれる高齢者の方々に、心から感謝の気持ちを持ってください。そこに最も気を使いながら、真摯に勉強させていただくという思いを持つことが、学生時代の実習に求められることなのです。

良い技術を持つ前に、良い心を持つ人になってください。感謝する心と、もてなす心を大切にしてください。介護を必要としている人は、颯爽《さっそう》とした立派な介護よりも、感じの良い介護を受けたいと思っているのではないでしょうか。誰からも親しまれる桜の花のように、どうか誰からも親しまれる、感じの良い介護福祉士になってください。

05

難しいけれど
やればできると考える

やれるかもしれないけれど、難しすぎると考えて、何もしない人になりたいですか。

施設における相談員は、ソーシャルワーカーとして利用者に相対しますが、施設は利用者にとって暮らしの場であるために、日常的な行為について様々な助けを求められます。その中には、相談援助の業務とは程遠い行為ではないかと思えることもあります。テレビのチャンネル合わせとか、車椅子のタイヤの空気入れとか…。

しかし、それは暮らしの場で利用者が困っていることを解決するために必要なことなのかもしれず、相談援助職として利用者に信頼を得て、その人の暮らしを支える専門職になるために必要な行為かもしれないのです。「私の仕事ではないから担当職員を呼んできます」のひと言で信頼関係を壊してしまうことがあるのです。この機微がわからない人は、ソーシャルワーカーとして良い仕事はできません。

だから無能な相談員は、「やればできるかもしれないけれど難しい」と考え、問題点だけを挙げて「私の仕事ではありません」と言います。これに対して有能な相談員は、「難しいかもしれないけれど、やればできる」と考え、その答えを自分で出そうとして「私にやらせてください」と言います。

どちらになりたいですか。

06

穏やかな笑顔とほほえみを

無邪気な笑いより、穏やかな笑顔とほほえみが傷ついた人の心を癒してくれるのかもしれません。

介護サービスを提供する人は、明るい性格の人がよいと言われるときがあります。果たしてそうでしょうか。周りの人々の心を冷え冷えとさせる病的な暗さ、悪意のある暗さを持つ人でなければ、ことさら明るさだけを求める必要はないと思います。普通でよいのです。

そもそも明るい人とうるさい人を取り違えていませんか。大きな声で元気にしていれば周りの人が喜ぶというのは勘違いです。人に対して配慮のない大きな声は騒音にしかならないこともあります。他人に配慮しようとしない大きな声を、荒っぽく落ち着きがないと感じて、不快になる人もいるのです。それは明るいのではなく、がさつなだけかもしれません。時として他人の無邪気さや笑いが、心に突き刺さって痛みを感じることがあるのです。

静かな明るさが求められているのかもしれません。穏やかな笑顔が求められているのかもしれません。そうしたことにまで気がつく心配りが必要です。心配りとは、人の気持ちを汲《く》むということなのです。その人の気持ちを汲んで、ほほえんでください。穏やかな笑顔のほうが、傷ついた人の心を癒すことがあることを知ってください。

07

心を込めると誰かが幸福になるかもしれない

大切なのは、どれだけたくさんのことをしたかではなく、どれだけ心を込めたかです。

マザー・テレサ

僕たちが介護サービスを提供する対象は、人そのものです。そのために人の暮らしと命に深く関わっていくしかありません。結果として、その人の人生の幸福度に大きな影響を与えてしまうかもしれません。そのことに負担を感じるか、何も感じないか、やりがいを感じるかで、仕事に対するモチベーションも満足感も違ってくるのではないでしょうか。僕は介護サービスの現場で働くすべての人に、それを重大な使命であると考えてほしいと思います。誰かの人生の幸福度を高めることができることに誇りを感じてほしいと思います。そのために何をすべきか考える人になってほしいと思います。少なくとも、誰かの人生の幸福度を高めるために、ともに歩いて汗をかく人は、それができない人よりも幸せだと思います。

心を込めた先に生まれる笑顔や幸福を考えたとき、今までと違った世界が開けることだってあるのです。少なくとも、誰かの暮らしの幸福度を高めるために、ともに歩もうと汗をかくことは、そのことに対して何もせずに、汗することのない人より幸福だと思います。介護という職業は、そういう意味でとても素敵な職業なのですから、心を込めるということをお題目ではなく、習慣にしましょう。

08

マニュアルを超える技術

対人援助におけるマニュアルとは、安心のために置いておきたい「家庭用配置薬」のようなものです。

マニュアルがあるからといって、それがすべての人の、あらゆる状況に対応できる方法だとは思わないでください。人間は一人ひとり違う感情を持って生きているのですから、その人の表情をよく見つめないと、マニュアルはただの紙切れになってしまうのです。マニュアルが通用しないことのほうが多いのが対人援助です。その時僕たちは、マニュアルが通用しないと嘆くのではなく、マニュアル化できない人間の個性に賛辞を送るべきなのです。そしてそうした素晴らしき存在である人間に関わる介護という職業に、やりがいと誇りを感じるべきなのです。それだけ介護とは素敵な職業なのです。マニュアルとは、最低限しなければならない基準を文章化したものだと考えてください。そこからの応用も必要なのです。なぜなら人間の行動など標準化できないからです。人間の感情ほど標準化できないものはないのです。標準化できないものに、マニュアルだけで対応できると考えるほうがどうかしています。でもマニュアルの上に積み重ねるものは、感性だけであってはなりません。確かな根拠に基づいた知識と援助技術があってこそ、臨機応変の対応につながるのです。それがなければ、単なるその場しのぎの方法にしか過ぎなくなります。

09

空気を読みすぎない

あえて空気を読まずに、自分が正しいと思うことを貫くことが大事なときもあります。汚れた空気は読む必要もないのですから。

正しいことを主張する人間が無視されたりすることがあります。構わずに正論を吐き続けてください。あなたを無視する人々は、あなたの正しさを恐れているのです。人は自分が間違っているとき、素直にそれを認めたくなくて、間違いに気づかせようとする人を疎《うと》ましく思い、排除しようとするのです。

そうした人たちも、いつかその虚《むな》しさに気づいて、自分の恥ずかしさに愕然《がくぜん》とするのです。その時は、大きな優しさを持って、彼らを導いてください。正しいあなたであれば、必ず誰かから頼られる日が来るはずです。

空気を読めない人はダメだなんて言いますが、空気を読みすぎて自分をなくすほうがずっとダメなことだと思います。あえて空気を読まずに、自分が正しいと思うことを貫くことが大事なときがあります。

僕たちの仕事は、人の幸せを作るお手伝いをする仕事なのですから、それを無視するような空気を気にする必要はありません。そんな澱《よど》んだ空気の中に一緒に沈み込む必要はありません。あなたはあなたの信じた正しい道を歩み続けてください。正しいことを説き続けて、決して揺るがないあなたの姿は、とても輝いて見えます。

10

背負ってきたものを見つめる目

その人が背負ってきたものを見つめる介護であってほしいのです。

僕たちの職業は、そこにいる利用者にふさわしい介護サービスを提供するだけではなく、その人の人生そのものを見つめるという姿勢が必要になります。介護は、その人の動作支援をして終わりというわけではなく、その人がどう感じてくれるかということが重要です。動作支援ができても、それによって暮らしが良くならなくては意味がありません。一人ひとりの人間が背負ってきたものによって、その人が求めるものはまったく違ってきます。幸せの感じ方も人それぞれです。

だから僕たちには、利用者が背負ってきた人間関係や環境など、様々なものを見つめる視点が必要とされます。もちろん、一人の人間が背負ってきたものを、すべて知ることはできませんし、すべて知ることができると考えるほうが不遜でしょう。

しかし、そこにいる一人の利用者の周りには、様々な人々の思いがあるのだということを、僕たちは忘れてはならないと思います。利用者が悲しむことで、その家族も悲しむことになります。利用者の喜びは、家族の喜びとなり、さらにその周囲の人々にも広がっていくことでしょう。様々な感情が周囲に広がっていくことにも配慮し、利用者が背負ってきたものを見つめていかなければなりません。

11

常識を伝える

後輩を指導しながら、自分自身を作っていってください。

新人職員に対して、仕事を教える立場の人々は、適切な言葉遣いや態度を教育できるスキルを持っているのでしょうか。それは決して難しいことでもないし、達人的なレベルのスキルではありません。お客様である利用者に接するにふさわしい態度と言葉遣いができているという普通のスキルです。

希望を持ち、志を高く持って新しい職場に入ってきた新人職員の元気が、日々なくならないように、介護サービスに携わるモチベーションを維持できるように、先輩たちが誰よりも適切に利用者に接するという心構えが必要です。介護サービスのモチベーションは、我々の関わりで利用者が笑顔になり、幸せになることでしか上がりません。デリカシーのない対応が常態化し、利用者の心の痛みに気がつかない場所では、利用者は感情を奪われ、仮面のような表情となるでしょう。そんな職場で意欲を持って働くことなどできないのです。新人から「介護サービス従事者は素人と変わらない」と評価されるような職場であっては恥ずかしいのです。しっかり介護とは何かを伝えられる自分づくりをしていってください。教えながら自らのスキルを向上させようとする職員が大勢いる職場であるなら、そこには明るい日差しが差し込むでしょう。

12

会いたい人がいて
行きたい場所がある暮らし

人が生きていくためには何が必要でしょうか。

リハビリテーションのことを、医学的・治療的なリハビリテーションエクササイズに限定して考えてしまう人がいます。しかし、それが本当に高齢者の自立支援や介護予防につながるでしょうか。もちろん必要がないとは言いませんが、そこに軸足を置くべきではないと考えています。

リハビリテーションの本来の意味は全人的復権であり、それは社会的弱者が一市民として困らずに暮らしていくための理念だと捉えます。少なくともそのための過程と方法論を含んだものがリハビリテーションです。

人が生きる希望を持つために何が必要でしょうか。寝たきり状態の人を、座ったきりにしたって暮らしは良くならないのです。身体機能を維持することは大事ですが、その機能を訓練室の中でしか使わないのなら意味がありません。ごく自然に身体機能を活用できる生活があり、それによって身体機能が維持されることが大事なのです。

ベッドから離れて座って移動して、何かをするという目的が大事です。何ができるのか、誰に会えるのかが大事になります。そうした暮らしがあることが生きるということではないでしょうか。

13

心遣いが見えるとき

ちょっとした心遣いで人が幸せになれるなら、それを惜しむ必要はありません。

何気ない心遣いによって、幸せな気持ちになれる瞬間があります。ことさらそれをひけらかす必要はないと思いますが、心遣い一つで、幸せな気分になれる人がいるなら、そのことを大事にしたいと思います。

なぜなら僕たちの仕事は、人を幸せにするための仕事だからです。人を笑顔にして、幸せな気分にできる方法があるなら、それを惜しむ必要はないからです。ちょっとした心遣いだけで、人が幸せになれるのであれば、それを惜しむ必要はないからです。

だから僕は、自分の心の鈍感さを恐れます。人に配慮できない、心遣いができない鈍感さを恐れます。そのためには相手を思う心が大切になると思います。

相手の置かれた様々な状況を考え、その状況より良い暮らしがあるとすれば、その向こうに実現する暮らしを想像し、そこに至る可能性を創造することが大事です。その「思い」が真剣でさえあれば、我々と「虐待」とは無縁でしょう。しかし人を思うことを放棄し、日々の生活の疲れに流され、心を麻痺させたときに、人は人の悲しみを何とも思わなくなり、心遣いもしなくなるでしょう。虐待とはそこから始まるものであり、僕やあなたとまったく無縁なものでもないという自覚も必要でしょう。

14

専門知識だけでは解決できないこと

個人の暮らしには、その暮らしを営む人にしか理解できないことがあります。専門知識が役に立たないこともあります。そのことをいつも自覚しなければなりません。

保健・医療・福祉・介護の専門家といっても、その専門知識や技術を使って関わらなければならないのは個人の生活です。人それぞれに違ってくる暮らしです。

個人の暮らしの専門家になれるのは、暮らしを営むその人自身であり、他人がなれるわけではありません。生活支援の難しさは、ここにあります。専門家として関われば関わるほど、暮らしを送るその人の視点から外れてしまい、自分の持つ専門知識から生まれた価値観を押しつける結果になってしまう恐れがあります。

他人の暮らしという最も個別性が高く、専門化しにくい領域に踏み込んで支援の手を差し伸べる僕たちは、日々変化する個人のニーズを捉えるため、感性を働かせる必要があります。専門知識だけでは解決できない問題があることを謙虚に自覚し、利用者の良きケアパートナーとなることが求められているのです。

それは僕たちが、援助を必要とする人々から学び取らねばならないことが多々あるという意味です。そういう真摯さをもって、自らの現状のスキルに満足せず、向上心を持ち続けることによって、我々は誰かの個別の暮らしに介入し、傍らにいることが許される存在になれるのではないでしょうか。

15

化粧をしたいと思う暮らし

求められているのは化粧療法ではありません。化粧をしたいと思う暮らしなのです。そう思える環境を作ることが大事なのです。

認知症の人の心身活性化に化粧療法が有効だとして、それを一生懸命推奨している施設相談員がいます。

僕はそのことに疑問を投げかけたいと思います。なぜなら相談員は、対人援助のプロとして、一人ひとりの暮らしに目を向けなければならないからです。認知症の人に本当に求められるのは、化粧療法ではないということです。

化粧をすることだけが目的ではなく、化粧をして出かける場所があるという暮らし、化粧をして会いたい人がいるという暮らしが必要なのです。女性にとって化粧は日常であり、年をとっても女性は女性であるという当たり前の感覚を持って、化粧を療法化するのではなく、日常化することが大事です。

療法という言葉を使えば、専門的な取り組みをしていると思い込む人がいます。それが利用者から求められている大事なことであるかのように勘違いしてしまう人がいます。しかし、それは僕たちの自己満足なのかもしれません。豊かな暮らしを送るためには、専門的な療法ではなく、ごく当たり前の人としてのふれあいが求められることのほうが多いのです。

16

笑顔もプロの「技《わざ》」なれど・・・

笑顔を「技」にする必要のない環境こそが求められています。
自然な笑顔になれる介護を作りましょう。

笑顔もプロの技のうちです。対人援助に関わるプロフェッショナルであれば、そのことを忘れてはならないと思います。笑顔を作るというスキルも必要なのです。笑顔を自然に作れる人は、きっと優秀な人だろうと思います。

しかし、もしかしたら笑顔を技にする必要もない暮らしこそが、本当は求められているのかもしれません。職員に自然な笑顔が生まれ、それが利用者の笑顔につながり、その笑顔を見て職員がさらに笑顔になるという職場が理想です。笑顔をプロの「技」として意識しなくても、自然に笑顔がこぼれる職場が理想です。

職員と利用者がほほえみ合って暮らすことができる場所を、僕たちは作っていく必要があるのではないでしょうか。それは、思いやりの心を持った職員が、利用者の気持ちに寄り添い、利用者とともに幸せになれる場所を作っていくことでしか実現しないのではないでしょうか。

介護の仕事は、人が笑顔になれて、人の力になれて、人に幸せを運ぶことのできる素晴らしい職業だということを忘れないでください。

誇りを持って、みんなが笑顔になれる介護を作っていきましょう。

17

虐待してはいけないという教育が必要か？

虐待をしてはいけないと、あらためて教育しなければならない社会とは何でしょうか。そんな社会は病んでいます。

病気や障害を抱える人を介護する立場の者が、介護を受ける人に危害を加えてはならないという教育をしないと、虐待が引き起こされるのでしょうか。

虐待が許されないという教育は、職場ですべきものではなく、子どもの頃から暮らしの中で学んでいくものではないでしょうか。一人前の大人をあらためて教育しないと人権侵害や虐待が起こるとすれば、この国自体が病んでいるということにならないでしょうか。

職場教育とは、本来もっと高いレベルで、人の尊厳を守る方法を教えるものではないでしょうか。人を守ることが介護の現場であるということを当然のごとく理解させ、利用者の感情に巻き込まれない方法を教えていくものです。そして、その職業に誇りを持つことのできる人材を育てることが教育ではないでしょうか。

対人援助における職業倫理は、福祉観や人権尊重の理念、自立・自己実現などの援助の視座、秘密の保持など、専門職として必要な価値観が基盤になります。虐待をしてはいけないという教育が必要な人は、あと何年勉強すれば、そこにたどり着けるのでしょうか。

18

傾聴なくして援助なし

求められているのは傾聴の技法ではなく、心を傾けて聴くあなたの姿勢です。

僕は介護福祉士養成校で「相談援助の基礎知識」という授業を担当しています。しかし、授業に指定教科書は使いません。教科書には、技法としての「傾聴」が書かれているからです。

介護を学ぶ学生たちに教えるべきは、傾聴の技法ではなく、基本姿勢としての傾聴です。だから僕は、最初に次のことを徹底的に教え込みます。

・介護の現場は相談援助の現場でもある
・相談援助とは語ることではなく聞くこと
・技術としてではなく基本姿勢としての傾聴が求められる

これらのことを教えるために、教科書は邪魔もの以外の何ものでもないのです。技術や技法は、基本姿勢が身について初めて生かせるということを忘れないでください。相談援助とは説得技術ではないのです。答えを出すのは、援助をする僕たちではなく、僕たちの目の前の誰かなのです。僕たちの価値観で何かを判断し、その判断を押しつけてはならないのです。だから耳を澄ませて、目の前の人々の声を聴くことが必要なのです。

19

小さなことを続ける

小さなことができる人がいるから、誰かが幸せになれるのです。

介護保険制度がどうなろうと、僕たちが持つべき理念は決して揺らぐことがないはずです。対人援助の場で、ごく普通の人間として職務を全うしようとする限り、迷路はそこに存在しないはずです。

僕たちが利用者に対してできることは、社会全体から見ればとても小さく、取るに足りないことかもしれません。しかし、その小ささを恥じている人が多すぎるのではないでしょうか。小さなことができる人がいるから、誰かが幸せになれるのです。小ささを恥じずに誇りを持って仕事を続けてください。

対人援助サービスは、支援を必要とする人々を、心にかけて護《まも》ることです。我々は尊厳やプライバシーを護るケアパートナーとして存在するのだということを忘れてはなりません。それは、人を幸せにする暮らしを作る援助活動であり、実際に多くの幸せを作り出していることに誇りを持ってほしいと思います。そうした素晴らしい職業であるという自負を、後輩に伝えることができる実践者であってほしいと思います。理想と現実は違うという理屈によって、人を人とも思わない、ケアという名の作業労働を作り出してはならないのです。

20

認知症の人の悲しみ

助けを求められない人の悲しみを理解する人になってください。

認知症の人に対しても、年上のお客様に使うような丁寧な言葉遣いで相対しなければなりません。乱れた言葉遣いは、それを使う人の心も乱します。やがて、心の乱れは心の闇に変わっていくかもしれません。他人の心を傷つけることを、何とも思わなくさせてしまうのです。その心の闇は、しばしば助けを求めることができない認知症の人に向けられます。

これまで愛してきた子どもや孫に、嫌われるような行動を取ってしまう認知症の人の悲しみを理解してください。自分の置かれた状況が理解できず、周囲のあらゆる変化に混乱し、不安と隣り合わせにいる認知症の人の悲しみを理解してください。要求したいことも拒否したいことも、他人にうまく伝えられない認知症の人の悲しみを理解してください。助けてという声を上げることができない認知症の人の悲しみを理解してください。

認知症の人は、認知症ではない人と同じく傷つきやすいということを忘れてはいけません。僕たちの職業は、守ってほしいと訴えることができない人を、その心の声に応えて守っていくことなのです。

21

私に任せてくださいと言える人

任されて恥ずかしくない知識と援助技術を持つ人でいてください。任せてもらう責任を感じる人でいてください。

人に頼るばかりの人には、自分の暮らしを任せられません。結果を人のせいにばかりする人には、自分の運命を委ねられません。

僕たちは人の暮らしに関わり、人の幸せを作り出す専門家です。人の命に関わり、死の瞬間まで人間らしい暮らしを送ることができるように寄り添うプロフェッショナルです。チームとしてお互いを支え合ったとしても、決してすべてを人任せにして終わらせてはいけません。自分自身が結果責任を負うという覚悟が求められます。

責任を負わない人に、自分の暮らしを守ってもらおうとは思えません。そんな人が作るケアプランで自分の暮らしがよくなるとは思えません。

対人援助の専門家は、利用者とその家族の目をまっすぐ見つめて、あなたやあなたの大事な人を「私に任せてください」と言える人でなければならないと思います。そのために毎日スキルアップに努めていかなければならないと思います。

どうか任せることができる人になってください。どうか任せられて恥ずかしくない知識と援助技術を持つ人でいてください。どうか任せてもらう責任を感じる人でいてください。

22

「オン」と「オフ」

仕事と日常のメリハリをつけることも介護職のスキルの一つです。

少し手を貸すだけで人が笑顔になることを、自らの喜びとして感じられない人は普通ではないと思います。生活の糧を得るために、最低限の仕事さえしていればよいと考え、そこで介護を受ける人々が悲しんでいることを無視できる人、何も感じない人は普通ではないと思います。

人を人として愛《いつく》しみ、命の尊さを知り、この世に生かされていることに感謝し、人を支援するためのスキルを身につけようと努力できる人なら、どのような性格であってもこの仕事に向いていると思います。

しかし、それは持って生まれた性格のままで対人援助に関わってよいという意味とは少し違うのです。プロフェッショナルとしての自分と、プライベートな存在である自分が求められます。介護の現場では当然、介護のプロフェッショナルであることが存在します。そのスイッチの切り替えが必要です。仕事と私生活のメリハリをつけて、「オン」と「オフ」の切り替えができることもスキルの一つなのです。

生活の疲れを仕事に持ち込むような素人であってはならないことは当然ですが、職場に一歩足を踏み入れたなら、自分の感情さえも制御するというプロ意識が必要です。

23

言葉を選ぶ

心のすべてを言葉で伝えられないからこそ、言葉を選ぶのがプロフェッショナルです。

意欲や表情を引き出すという目的のため、利用者を愛称で呼んでもよいと考える人たちがいます。彼らは、アセスメントをした上で了解を得ているのだから、それで構わないと考えます。しかし、お客様である利用者を愛称で呼んで、どうして意欲や表情が引き出せるというのでしょうか。引き出せる表情があるとすれば、それは不快なものでしかないと思います。愛称で呼ばれて年上の高齢者が喜ぶと思っている感覚麻痺をまず治さなければなりません。そうしないと、いずれあなた自身が、勘違いした介護者に見下された呼び方をされ、傷つけられることになるかもしれません。

アセスメントという言葉を、アリバイ作りに使うことはやめてください。意欲や表情を引き出すものとは何でしょうか。それは感動です。

誰が年下のサービス提供者から愛称で呼ばれて感動するのでしょう。誰がお金を払って利用しているサービスの場で、サービスを提供する従業者から、馴れ馴れしいタメ口で話しかけられて感動するのでしょう。言葉より心が大事だから、心さえこもっていれば言葉の乱れなど些細なことだと考えるのは間違いです。そんなものは伝わりません。

24

言葉の凶器

心に負う傷の深さは、傷つける側の悪意の有無によって変わるものではありません。

僕たちは介護を職業とし、介護サービスを提供することで生活の糧を得ているプロフェッショナルです。利用者はお客様なのですから、言葉を崩したほうが親しみを感じてもらえるだとか、喜んでくれると考えるほうがどうかしています。どこの世界に、年下の若い人からタメ口で話しかけられて喜ぶ大人がいますか。どこの世界に、馴れ馴れしい口調で接客している職業がありますか。

丁寧な言葉を使わずに仕事をしている人々は、何らかの考えがあってそうしているのかもしれませんが、結果的に言葉で人を傷つけてしまったとき、悪意がないことは何の免罪符にもなりません。結果責任がすべてなのですから。

悪意ない人の言葉に傷つけられた人の心の傷は、悪意があって傷つけようする人によって受けた傷より浅いなどということはないのです。そうであるがゆえに、介護サービスに携わる僕たちは、年上である利用者の感情を害するリスクを持つ言葉を使うべきではないと思います。心に傷を負うことそのものが人の悲しみなのです。こんなことが議論になる職業がどうかしているのです。成熟度が低いと言われても仕方がないのです。

25

強くならなくてもよい

あなたは強くならなくてもいいのです。弱くても「当たり前の暮らし」を問い続ける人でいてくれればいいのです。

強くなりたくても強くなれないと言うけれど、いったいあなたは誰より強くなる必要があるのですか。強そうに見えてもみんな同じです。時には弱い自分がいてもよいのです。それが普通なのです。弱いときは誰かに支えてもらって、少しだけ自分を変えようとすればよいだけです。人と人が支え合うのが人間ですから、人を支えるときがあれば、自分が支えられるときがあって当然なのです。

僕たちは特別な人になる必要はありません。難しいことを実現するのではなく、当たり前の暮らしとは何かを問い続けることが求められているだけです。専門知識や援助技術というスキルを身につけ、それを高めることは必要ですが、人としての立ち位置まで特別な場所に求める必要はありません。

弱い心を持つ人は、他人の弱さに敏感になれるかもしれません。それは、他人が悲しんでいることに心が及ぶということではないでしょうか。それは、デリカシーのない言動で人を傷つけることを未然に防いでいるのではないでしょうか。人は誰しも弱さを持つ存在ですから、自分の弱さをことさら嘆く必要はないのです。変えなければならないのは、自らの弱い心ではなく、良い方向へと心を動かさない頑冥《がんめい》さです。

26

心の青空を信じて

すべての人の胸の中に、青空があることを信じています。

僕の講演を聴きに来る人たちの中には、心の中に雲がかかって本当のことが見えなくなっている人たちが少なからずいます。それらの人たちは、雲間の間から差し込む光のありかが見つけられないのです。

そのために僕は、その人たちの雲を払えるようなヒントになるお話をします。でもヒントになることは、その人たちが理解できる具体例でなければならないのです。実践できる具体策を示さない限り、雲間の間から差し込んだと思える光は、幻想の光でしかなくなります。

だから僕は、自分の施設の職員が実践していること、取り組んでいることを中心にした、難しいことではない当たり前のお話をします。当たり前を積み重ねることで、どのような暮らしが実現するのかを明らかにします。そこに存在する人々の笑顔が、誰によって、どんなふうに支えられるのかを具体的に説明します。そうした実践論には、きっとたくさんの方が共感し理解し実践できるものがあるはずです。きっとたくさんの人が、心の雲を払って青空を見つけることができると思います。

なぜなら僕は信じているんです。人の胸の中には、きっと青空があるってことを。

27

「おかしいこと」をおかしいと思える感性

人の役に立とうとする人たちの志を潰さないでください。人を愛せなくなるような教育をしないでください。

介護施設や居宅サービス事業所では、毎年たくさんの学生が実習生として学んでいます。学生たちは、知識も技術もまだまだ不十分で、考え方も拙《つたな》いですが、やる気だけは十分にあります。そして、世間の常識が介護現場で通用しないことに、おかしいと気づく感覚を持っています。

世間の常識と乖離《かいり》した状態をおかしいと感ずる学生の感性は間違っているのでしょうか？　彼らは介護という職業が、人を愛する職業であり、素晴らしい職業だと信じています。そういう感覚はおかしいのでしょうか？

学生たちが介護福祉士を目指す動機のトップは、「人の役に立つ仕事だから」というものなのです。それは人を愛することを素晴らしいと感じる動機づけです。どうして人を守り、人を愛そうとする人々に、理想と現実は違うと言って、人を愛せなくなる方法を教えるのですか？　そんな必要があるのですか？　学生は文句を言えませんが、実習後に現場の「おかしさ」に気づいて、それを持ち帰ってきます。そうした学生の感覚のほうが正常だと思います。

正常感覚を潰す教えはいりません。理想と現実を近づける指導者であってください。

28

他者を護《まも》り、わが身も護る専門知識

「自己覚知《じこかくち》」によって自身の感情をコントロールすることができます。利用者の様々な感情を受け止める介護職にこそ必要とされる防衛策です。

暴力や暴言がある利用者に、職員が怒りの感情を持つことは決して罪悪ではありません。人間である限り、怒りや悪感情を抱かないようにすることは不可能です。人は万能ではないのですから。

しかし、僕たちは対人援助の専門家ですから、感情のままに利用者に相対するわけにはいきません。援助すべき対象者に抱いた負の感情が、対人援助という業務に影響を与えては困るのです。それゆえに、自分がどのような時に利用者に対して怒りの感情を覚えるのか、悪感情を抱くのかということを自覚し、日頃からその傾向を知ろうと努めることが求められているのです。それが「自己覚知」です。それによって、我々は自分の感情をコントロールすることが可能になるのです。

人の感情は、相手を巻き込みやすいので、僕たちは利用者の抱いている怒りや苦しみや悲しみといった感情に影響される恐れが常にあります。しかし、支援業務に携わるたびに、そうした感情に巻き込まれてしまっては、仕事にならないばかりか、自分自身の精神を病んでしまいかねないのです。それを未然に防ぐためにも、自己覚知に努め、自分の感情をコントロールすることが必要です。

29

心の声を聴く

その人の心の叫びを、自分の心で感じて聴いて、それをサービスに具現化する。そこに答えがあります。

介護サービスについて高い理念と見識を持って、それをわかりやすく伝えることができる優秀な講師がいたとしても、一人ひとりの高齢者の暮らしを良くする方法について、すべての答えを持っているとは限りません。本当の答えとは、介護サービスの場で利用者に真剣に向かい合う人が、利用者から教えられる中でしか見つけられないことのほうが多いのです。

僕たちの目の前にいる人々が何を求め、どうしてほしいかを見出すためには、その人自身を真剣に見つめて、一人の人間としての思いに我々の心を寄せて、自分がその立場であったらどうしたいのかを真剣に考え、その人の心の叫びを僕たち自身の心で感じて、それをサービスとして具現化する以外ないのだと思います。

だからもっと真剣に、利用者の本当の姿を見つめる必要があるのだと思います。「もっと私を見て」という声なき声を聞かなければ、答えは見つからないのだと思います。私たち自身の胸が何かを叫ぶようになるまで、真剣に利用者を見つめなければならないのだと思います。

だから、どうか目をそらさずに、人々の心の声を聴く人になってください。

30

守るべき権利とは何か

私たちが関わっている利用者は、立派な大人だということを忘れていませんか。

特養で暮らしているすべての人が、自分のことを自分で決められないわけではありません。僕らが相対している人々は、立派な大人であり、認知症などで判断能力を失っていない限り、自らのことは自らで決める権利を持っているのです。

我々の職務とは、そういう人たちの権利が正しく行使されることを支援することです。利用者自身が自分で決められることは自分で決めてもらうべきであり、その判断は何より尊重されるべきです。

利用者には「これは自分の問題だから、子どもには秘密にしておいてほしい」「心配をかけたくないから、子どもにそんなことまで知らせないでほしい」という自己決定があってもよいはずです。そうした要求や要望が受け入れられず、当然の権利としての自己決定権が守られないことのほうが問題です。利用者自身の意思や判断が最も重要であるということをしっかり胸に刻んでおくべきです。

権利擁護とは、何も成年後見制度だけに求められている視点ではないのです。僕たちの施設や地域の中で、僕たちが守っていくべき他人の権利というものを真剣に考える必要があります。

31

レッテルを貼ると心が見えなくなる

心を見つめるケアは、人を見るときにレッテルを貼らないことから始まります。

認知症の人であっても、「認知症」という冠をつけずに、一人の人間として見つめ、人としての尊厳を認め、認知症の人々の見ているものを、その人々の現実として理解的に関わることが大事です。そうすることによって認知症の人は安心感を持つことができ、行動・心理症状が軽減されるのです。

そうであるなら認知症の人とのコミュニケーションにも相応の配慮が必要になります。年上の高齢者との会話が、子どもを諭《さと》すような言葉で進行されなければならないわけがありませんから、そこには人生の先輩としての敬意も求められますし、お客様である利用者に対する配慮が求められます。認知症の人に対するケアの理念は、その手法にかかわらず、人を人として敬い、認知症の人の尊厳を守ることなのです。医療や介護の専門家がそこに関わるときに、子どもや友だちに話しかけるような馴れ馴れしい言葉は必要とされないし、そもそもそれは人の暮らしを再生するという専門職に必要とされるものではなく、人の尊厳を守る職業と対局に存在するものです。

この配慮がないコミュニケーション術も療法も、本当の意味で認知症の人々の暮らしを守るものにはならないのです。

32

認知症の人にエールを送る人

私たちは認知症の人に「あなたは必要な人なのです」と伝える役割が求められています。

アルツハイマー型認知症の症状は、記憶障害から始まります。新しい記憶が保持できなくなり、やがて過去の記憶も失っていきます。それは「自分が自分でなくなっていく」という不安や恐怖が伴うものなのです。

我々は認知症の人たちと関わるとき、「自分でなくなる悲しさ」「自分でなくなる怖さ」を理解し、心を守るお手伝いをしなければならないと思います。認知症だから仕方がないと諦めるのではなく、自分が自分でなくなっていく人々の内面を理解しながら、そうした人たちに何が必要なのかを考え、「あなたはここに確かに存在している」ということを伝える役割が求められています。

あなたはそこに確かに存在している。それはあなたが必要とされているからだ。あなたは決していなくてよい存在ではない。

認知症の人たちは、自分を確かめることができる何かを求めているのではないでしょうか。我々がその気持ちにしっかり寄り添うことができる存在になるために、我々自身がそれらの人々の存在を愛《いと》おしく思い、その存在に敬意を払うことが求められているのではないでしょうか。

33

耳を澄まして聞く心の叫び

真剣に思いを寄せると、心の声が聞こえてきます。

耳を澄ますだけでは聞こえない声があります。目を凝らすだけでは見えない姿があります。僕たちの周りには、してほしいこと、してほしくないことを正しく表明できない人々がいます。しかしそれらの人々も心の中では悲鳴をあげ、叫んでいるかもしれないのです。表情に表すことができない悲しみを心の奥底に抱えているかもしれないのです。

心を澄ませて、真剣に思いを寄せないと、心の中の叫び声は聞こえてきません。真実の姿は見えてきません。聞き逃し、見逃してしまうことで、それらの人々の暮らしはよくならないのです。人を人として愛し、人を人として敬い、人を人として思ったとき、私たちは初めて目の前の人々の真実の声を聞くことができるでしょう。真実の姿を見ることができるでしょう。

助けて、さびしい、どうしてわかってくれないの……。

どうぞ、そんな心の叫びに気が付く人になってください。どうぞ、そんな心の叫びを見逃す人にならないでください。そのために、どうぞ見つめる人になってください。ただ見るだけでは、見えないものを、見つけるために。

34

ケアプランナーはいらない

求められているのは、良いケアプランを作ることではありません。ケアプランを使って利用者が豊かな暮らしを送れるようにお手伝いをすることです。

介護支援専門員は、ケアプラン作成人ではありません。求められているのは、良いケアプランを作ることではなく、ケアプランを使って利用者が豊かな暮らしを送るお手伝いをすることです。

介護支援専門員は、徹底的に利用者本意でなければなりません。その立ち位置は、決して揺るがせてはなりません。自分の知識や技術がいくら優れていても、利用者や家族が不平・不満を感じている状態は失敗なのです。その責任を利用者や家族に負わせることなく、自身の責任と感じて工夫するように努めるのが対人援助のプロなのです。そのためには利用者と家族に対し、真摯に思いを寄せる必要があります。それによって利用者や家族から信頼を得ることができ、対人援助技術が円滑に展開されていくのです。

ケアマネジメントとは、愛を紡《つむ》いだ先に人々が笑顔でいられる暮らしを作るために展開される社会福祉援助技術です。ケアマネジメントという言葉に置き換えた小さな力を振りかざし、悲しい表情で命をつなぐ人を作る職業が介護支援専門員であってはならないのです。

35

言葉の裏に潜むもの

心の底から共感して反応した言葉は、信頼につながります。

相談援助に携わる専門家は、自分の感受性を働かせながら利用者の言動の裏に潜んでいる感情を理解し、その感情に適切に反応することで利用者に心理的指示を与えます。例えば特養に入所している人が、「うちの息子は、いい大学を出て、いい企業に勤めて、豊かな暮らしをしているのに、海外を飛び回って仕事をしていて、盆正月にもろくに面会にも来ない。親不孝ものだ」とおっしゃったとしても、実はそれは「親不孝」を嘆いているのではなく、「とても重要な仕事で海外を飛び回っている自慢の息子」という意味かもしれないのです。

その時に相談員が、「本当にひどい親不孝ものですね」などと言って、変な共感をしてしまうとしたら、たちまち信頼関係を壊してしまいます。この場合は、「でも素晴らしい職業をお持ちになって、国のために働けるなんですごいですね。親の教育のたまものですよね」などと心から共感することで、信頼関係は深まったりするのです。これがバイステックの七原則の中の「統制された情緒関与の原則」なのです。それは単に、利用者の感情に引きずられて冷静なワーカーの判断ができなくならないように自らの感情を統制するだけの意味ではないのです。

36

真剣に見つめる人だけに見つけられるものがある

利用者の幸せな笑顔を見つけられる人は、いつもその人の表情を見つめようとしている人です。

対人援助の場で、僕たちが手を差し伸べた利用者のうれしそうな表情を見ると、幸せな気分になれます。介護は人が幸せになることをお手伝いする仕事ですから、人の笑顔が僕たちのモチベーションになっていきます。しかし、その笑顔に出会える人は、利用者の表情をいつも真剣に見つめている人だけです。

介護をしていると言いながら、介護を受けている人の表情や仕草に気を使わず、介護者同士が関係のない会話をしているような状態は、本当の介護とはいえません。そこでは仕事のやりがいにつながるものは発見できません。

介護は、介護をする人と介護を受ける人が、その瞬間瞬間に一対一の人間関係を紡《つむ》いでいくという連続性の中で成立するものなのです。人と人との関係で成立するものなのです。そして、その人間関係を大切にして、介護を受ける人の表情や仕草を敏感に察知した人だけが得られる「喜び」がそこに存在します。そのことに気がついていますか。

だから、利用者の表情をじっと見つめて発見してください。そこに存在する一人の人間としての本当の姿と表情を。

37

誠実なることは結果責任を伴う

誠実とは、言って、成して、実を結ぶことです。

対人援助に携わる僕たちは、誠実という言葉を胸に抱いて利用者と関わっていないと、がんばったという過程だけで満足してしまいます。利用者の幸福につながらない結果に妥協する人になってしまいます。

「誠」という文字は、言って成すと書きます。「誠実」とは、言って成して、実を結ぶと書きます。対人援助のプロとして、利用者に対して誠実であろうとするなら、言って成して実を結ぶという結果を出さなければなりません。

介護支援専門員の場合、そのために使う道具がケアプランです。介護支援専門員として利用者に誠実であろうとするなら、総合的援助方針や目標に書いたことを成して実を結ぶという結果につなげる必要があります。総合的援助方針や目標は、お題目ではありません。着飾った言葉で終わらせないでください。金太郎飴のように誰に対しても同じような言葉で終わらせないでください。実を結ばない言葉ではなく、成せること、実を結ぶことを書いてください。

それが僕たち介護支援専門員の誠実さなのです。誠実という言葉を、常に胸に抱く人になってください。

第二章

そこが 花を咲かせる場所かもしれない

38

最初の一人になることを恐れない

目的を持って迎える明日は、漫然と迎える明日と違います。

特別な努力をしなくても時間は流れていきます。何もしなくても明日はやって来ます。現状に満足しているなら、時の流れに身を委ねてもいいでしょう。しかし、何かを変えたいと思ったら、何かを始めなければなりません。その時、最初の一人になることを恐れてはなりません。最後まで一人でいることを恐れる人になることは大切ですが、たった一人でも始めなければならないことがあるのです。

一人では何もできないけれど、まず誰かが始めなければなりません。その時、失敗を恐れる人にならないでください。何もしないことを恐れる人になってください。初めの一歩を踏み出す勇気が、百歩先行く未来の自分につながるのだと思います。

あんなに遠くには手が届かないと諦めてしまっては、明日かなう希望もすり抜けていきます。遠くを目指す一歩を踏み出すことが、願いをかなえるために必要なのです。

介護という仕事の中で、かなえたい願いがあるとすれば、それは介護を必要とする人々の笑顔を作ることだと思います。そのためには介護を必要とする人々の、望む暮らしに寄り添う自分を作ることです。その時きっと今より素敵な景色が見えることでしょう。

39

自分に誇りを持つ
そこから人生は開ける

人間として誇りを持つ。仕事への誇りを持つ。僕たちは誇り高い職業に就いています。

謙虚であることは大事です。相手を敬って謙遜することはあってもよいと思います。しかし、必要以上に自分を卑下《ひげ》する必要はありません。世の中には偉い人がたくさんいますが、その地位や肩書きは人間の本来の価値を表すものではなく、単なる浮世の約束事に過ぎないのです。

僕たちは、人間として誇りを持つことが大切です。特に僕たちは、この職業に誇りを持つ必要があります。どんな仕事でも、突き詰めれば突き詰めるほど、その難しさがわかってきます。目の前には次から次へと大きな壁が立ちはだかってきます。その時、壁を乗り越えるためのモチベーションとなるのが「誇り」です。

人間として誇りを持つ人たちは、誇りのあるチームを作ることができます。誇りのあるチームは、誇りのある仕事をすることができます。人間としての誇り、仕事への誇りほど、自分にとって貴重な財産はありません。対人援助サービスに携わる人は、誇りを持っていないと、人の不幸に鈍感になってしまいます。人を悲しませることをなんとも思わなくなります。僕たちは、人の幸福に関与することができる誇り高き職業に就いていることを忘れてはなりません。

40

偏見コレクションを常識と間違えない心構え

自分の中の常識感覚さえも疑う人でなければ、対人援助で間違いを起こしかねないのです。

常識感覚は大事です。常識感覚を失うことが感覚麻痺につながり、感覚麻痺の人間が対人援助に関わると、人の不幸を何とも思わず、他人を次々と不幸にしてしまいます。しかし、自分の持つ価値観がすべて世間の常識であると考えるのも間違いです。自分の価値観さえ疑って、自分自身の常識感覚が、世間の常識感覚とかけ離れていないかを常に考えることが大事です。

他人に理不尽な要求をするクレーマーと言われる人も、自分がクレーマーだなんて思っていません。当たり前の要求をしているつもりで、自分が最も常識人間だと思っています。世の中のほとんどの人が自分を非常識とは思っていないのです。

自分の持っている常識なんて、もしかすると自分が今まで集めてきた「偏見のコレクション」でしかないのかもしれません。対人援助に関わる僕たちは、常にそうした視点を持っていないと、知らず知らずのうちに人を傷つけてしまいかねません。それは取り返しのつかないことなのです。

他人から認められない常識に縛られて、人を不幸にすることをなんとも思わないとしたら、僕たちは自分以外の人にとって迷惑なだけの存在になってしまいます。

41

「おせっかい」を受け入れる社会

「おせっかい」という愛情表現が受け入れられる社会のほうが健全です。

戦後の高度経済成長期に、この国は「向こう三軒両隣」の地域社会を崩壊させてしまいました。地域の人間関係をすっかり失ってしまいました。他人に干渉することが疎まれる社会で、子どもは成長せざるを得なくなりました。日本の伝統社会では、他人からの「おせっかい」を大らかに受け入れ、そのことで人の情けを知り、人の道を学んだのではなかったのでしょうか。現在の子どもたちは、コンクリートの壁の中で、家族という極めて限定された集団の中だけで身を守り、他人はすべて気を許せない危険因子と教えられて成長します。そのような環境で豊かな感情や知性や情緒が育まれるわけがないと思います。他人のおせっかいを拒否することを当然とする魂は、他人の存在さえ簡単に否定してしまうのではないでしょうか。それは隣人愛を徹底的に排除する社会にほかならないのです。そういう場所で心の豊かさは得られるのでしょうか。心の豊かさはお金では買えないものです。一生使いきれないお金を持っていたとしても、心が豊かでない限り人間は不幸です。無関心が格好いいと思われる世の中はよくありません。人類がかつて経験したことがない超高齢社会を迎えている今こそ、人情ある「おせっかい」が求められるのではないでしょうか。

42

感謝の気持ちが幸せを呼ぶ

幸せとは奪い取るものではなく、感じ取るものです。

幸せになるということは、競争社会の中で、誰かを足蹴にして自分だけが高みに登ることではないはずです。幸せは勝ち取るものでも、奪い取るものでもなく、自分自身が感じ取るものです。

人の笑顔に喜びを感じられる人は、とても幸せです。人が喜んでいる姿を見て、自分もうれしく感じられる人は、きっと幸せを手に入れることができるでしょう。何気ない日常に幸せを感じることができる人は、いつも心が安らかでいられます。

感謝を知らない人間を満足させることはできません。感謝する心がない人は、満足することがありません。それは幸せを感じられないという意味でもあります。人に対する感謝の気持ちをたくさん持つことができれば、僕たちはもっと簡単に幸せになることができるのではないでしょうか。

幸福になるための一番の近道は、今日できる限り幸福であろうとすることです。介護サービスの現場では、僕たちが手を差し伸べている利用者の笑顔に幸せを感じ取ることができます。毎日たくさんの幸せを感じることができる職業が介護であることを忘れないでください。

43

自らをあきらめてしまわない心

失敗を恐れる人ではなく、工夫をしないことを恐れる人になってください。

失敗は成功のもとだと言いますが、失敗の原因を考え、工夫しようとしない限り、失敗は次の失敗のもとにしか過ぎなくなります。失敗を恐れる必要はないし、失敗して諦める必要もないですが、失敗を振り返らないことがあってはなりません。苦い経験だからこそ、失敗を検証して、同じ失敗を繰り返さないことが大事です。

対人援助サービスは、工夫が常に求められる職業です。先輩のやっていることを繰り返すだけでは、質の高いケアサービスは生まれないのです。僕たちに求められているのは結果責任ですが、工夫のない努力は結果に結びつきません。努力に工夫というエッセンスを加えて初めて結果がついてくるのです。先例に従う人より、先例を打ち破り、先例を作る人が成功者です。

同時に自らを諦めてしまわない心が大切です。やり直しができるのが人間です。失敗した経験を糧にして、社会に貢献できる自分を作り上げることができれば、それは社会全体の財産になっていくと思います。何もかもが見えなくなっても、人は諦めてしまわない限り、再出発できるということを忘れてはなりません。そのために、どうぞ工夫する人になってください。

44

小さきは小さきままに
折れたるは折れたるままに
コスモスの花咲く

しいのみ学園理事長・園長　昇地三郎《しょうちさぶろう》

人には能力差というものがあります。だから他人と同じことができないときがあります。だからといって自分を諦めてはなりません。人は成長する可能性を常に持っているのです。今できないことが、いずれできるようになるかもしれません。大事なことは、常にベストを尽くそうとする姿勢です。今できることを最大限にしようとする姿勢です。人には個性というものがあります。全く同じ人はいないのです。それは一人ひとり求められているものが違うという意味ではないでしょうか。一人ひとりの役割が違ってもよいのではないでしょうか。

笑顔が素敵な人は、その笑顔を最大限に生かして、誰かの心を和ませてください。お話しが得意な人は、人を楽しませる素敵な会話で、誰かを良い気分にさせてください。力がある人は、人が重いものを運んでいるのを手伝って楽にさせてあげてください。料理が得意な人は、美味しい食事でおもてなしして、誰かを幸せな気分にさせてください。人を愛《いと》おしく思い、幸せになってほしいと思うならば、誰にでもできることがあるはずです。できることを積み重ねていけば、幸せになってくれる人がきっといるはずです。できることを見つけて行うだけでよいのです。

45

人を助けるのに理屈はいらない

人が人を助ける行為に、何か理屈が必要でしょうか。

介護事業の経営者や管理者が、その運営や報酬算定に関して、法令根拠に基づいて考えることは大事です。また、法令を遵守して事業運営に当たるということは、経営上不可欠な危機管理です。

提供する介護サービスや介護技術についても、人間の身体メカニズムといった科学的根拠に基づいて考えることが大事でしょう。それは、人の暮らしを守るために最低限必要なサービスの質を担保するために求められることです。

だからといって、人の行為すべてに根拠を求めるのは間違いです。人の行為には、明確な理由を必要としないことがあるのです。この違いがわからない人は、対人援助に向いてはいません。

困っている人を見たら、手助けしようとするでしょう。手助けができる機会と能力が自分にあるなら、手助けをしない理由なんてどこにも存在しません。それが、人と人が支え合う人間社会というものではないでしょうか。

手助けが必要な人を見かけたら、手助けをする理由を考えずに、手を差し伸べるのが人として当たり前のことです。それが健全な社会というものではないでしょうか。

46

一人の百歩より、百人の一歩

自分だけが百歩進むより、百人の仲間と一歩進むほうが大事なときがあります。

僕たちの仕事は、人の暮らしを豊かにするためにあります。それは、僕たちの目の前の利用者だけを幸せにすればよいというものではありません。社会福祉は、すべての人々の暮らしを豊かにするためにあり、究極的には人類の平和を目指すものだからです。

そのために我々の仕事に企業秘密などあってよいわけがありません。秘伝なんて必要ありません。手に入れたノウハウやエビデンスは、すべての関係者に情報提供され、共有されるべきです。僕が全国で講演を行う理由は、僕が手に入れたノウハウやエビデンスを伝えることが、僕の使命だと考えているからです。僕を待ってくれている仲間がいる限り、それを続けたいと思います。

なぜなら、僕ひとりではできないことが、仲間と一緒ならできるかもしれません。僕ひとりでは気づかないことも、仲間と一緒なら誰かが気づいてくれるかもしれません。もっとたくさんの人が幸せになれるかもしれないからです。

一人でも多くの人が笑顔になり、幸せになるための介護。そのためにみんなで一歩進むことが大事なのです。

47

そこが 花を咲かせる場所かもしれない

咲けない理由を探すより、咲かせる方法を考えませんか。今、あなたのいる場所こそ、花を咲かせられる場所かもしれません。

せっかく誰かの赤い花になって咲くことができる介護という職業を、悪魔の所業に変え、誇りを持つことができるはずの介護という職業を、恥ずべき所業に変えてしまう人が存在します。なぜ彼らは花のように美しい姿になろうとせず、自分の家族にさえも隠さねばならないような醜い姿になっていくのでしょうか。どのような理由をつけても、それは許されることではないのです。

介護を業務として淡々とこなすだけで、利用者の幸福に無関心な人が存在します。そうした人々は、自分が咲けない理由を、上司の無理解や職場環境のせいにすることがあります。確かに、誰かの幸福な暮らしを支えたいという職員の心を折ってしまうような経営者も存在します。他人に関心を寄せる余裕さえ持てない劣悪な職場環境もあるのかもしれません。しかし、そこには守るべき利用者の存在があることを忘れないでください。

花は咲く場所を選びません。与えられた環境の中で、自分らしく咲こうとするのです。人間だけが咲けない理由を探して咲こうとしません。せっかく咲くことのできる能力があるのに、それはとてももったいないことです。

48

もったいない、愚痴を言う時間

行動する人は愚痴や文句を言っている暇はありません。取り残されるから。

人が足りない。忙しすぎる。時間がない。わかります。人材不足で有能な人がなかなか集まらないというのが、私たちが働く職場の現状ですから。

しかし、そうした中でも文句ひとつ言わずに、がんばっている仲間はたくさんいるのです。額に汗して、前に進もうとしている人はたくさんいるのです。「忙しい」「人が足りない」と言いますが、あなたはそこで愚痴っている暇があるではないですか。愚痴を言っている間に体を動かせば、現場はもっと人手が増えるのではないでしょうか。愚痴っている暇がある人は、文句も言わずに前へ進もうとする人に置いていかれます。文句を言っている間に置いてきぼりにされます。

あなたの愚痴や文句を、誰かが共感して、喜んで聞いてくれるとでも思っているのでしょうか。それは違います。そういうあなたを、人は決して良く思ってはいないでしょう。それは、あなたが自分の恥を他人に晒《さら》している姿でしかありません。

あなたの愚痴にうなずいてくれる人は、あなたに哀れみを持っているか、蔑《さげす》んでいるだけではないでしょうか。少なくとも、愚痴を聞いて喜ぶ人はいないということを自覚してください。

49

専門家とは自分の言葉を持つ人

今日までの専門家が、明日も専門家でいられるとは限りません。

専門家とは人の考えをコピーする人ではありません。人から教えられたことだけしか理解しない人は、その追随者に過ぎず、意外な着想を思いつくところまで知識と精神のゆとりを持つことができません。

そういう人は、いろいろなことを変えられないのです。目の前の利用者の暮らしを良くしなければならないのに、それができないのです。

誰かの教えを真摯に受け止め、それを自分の中で十分に咀嚼《そしゃく》し、自分の言葉に置き換えて表現できる人が本当の意味での専門家です。日々変化するニーズや環境に対応することができないと、生活支援を必要とする人の暮らしは良くならないという理解が必要です。根幹にある理念は揺らぐことはなくても、その時々の方法論は様々なのです。人の思いに寄り添うケアとは、様々な変化に気づき、柔軟に対応することで、求められる結果を出すことなのです。

それは私たちの周りにいる人々を、真剣に見つめ、真剣に思いを寄せ、真剣に愛さないとできないことです。そして、それができなくなったとき、私たちは「専門家」という看板を下ろさなければならないのです。

50

優しさには
いろいろな意味がある

優しさとは、人の憂いに思いを寄せることです。

優しさの「優」という文字は、人という文字と、憂という文字でできています。憂という文字は、憂《うれ》いという言葉になります。それは自分の思うようにならないことで、つらい、苦しいことを意味する言葉です。そうであれば、優しさの本質とは、人がつらく、苦しく、心配する気持ちになることに思いを馳《は》せることではないでしょうか。

人は生きている限り、楽しい時間だけを過ごすことはできません。心配事が全くなくなるということはなく、苦しい時間やつらい時間を過ごさねばならないときもあるのです。そのことにじっと耐える人がいたとしたら、僕たちはその人をそっと見守り、支えになるように寄り添うことが求められるのかもしれません。その時僕たちは、何もできないかもしれませんが、悲しんでいる人の気持ち、苦しんでいる人の心に思いを馳せることはできるはずです。それだけで救われる人がいるのではないでしょうか。

笑顔あふれる人には、たくさんの人が寄ってきてくれるけれど、悲しく辛い人の周囲には誰もいなくなるかもしれません。その時、何もできなくても、思いを馳せてくれる人がいるだけで人は救われるかもしれないのです。

51

理想とは幻想ではない

理想にたどり着くための人生を歩まなければ、人生は虚《むな》しいものに終わってしまいます。

理想をあきらめる職場に未来はありません。現実が最高点でない限り、我々は達成目標をもっと高い基準において、そこに到達するための道づくりをしなければなりません。時代が変わるとともに、人々の求めるものも変わっていくのですから、到達目標も時代とともに変わっていく必要があるはずです。目指すゴールがなくなることはありません。「そうは言っても…」、「口で言うのは簡単だけど」、そんなふうに嘆いていて何の意味があるのでしょう。できないことばかり考えることになんの意味があるのでしょう。今できなくとも、いつかできることを信じない限り、我々は常に前を向いて歩けなくなります。結果を出そうとしない人はプロとは言えません。プロとして結果を求めましょう。

理想と現実は違うと言って、あきらめてしまうことは簡単なことです。そこでは実現努力が必要なくなるから仕事も楽でしょう。しかしそこは、将来の夢や希望というものと程遠い場所です。理想にたどり着くために歩まなければ、人生は虚しい旅です。ゴールに必ずたどり着くとは限りませんが、僕たちは最後まで挑戦できるのです。理想を現実にする挑戦をあきらめない場所には、必ず希望の光が当たるはずです。

52

正しくない人を見つめる目

「愛」に勝てる「憎しみ」は存在しません。正しい行動をとり、
正しいことを主張する人になってください。

ゆがんだ職場では正論が通用しないという理不尽さが存在します。そこでは、正しいことを主張し、正しい行動を取る人が周囲から浮いてしまうことがあります。

しかし、そのことに負けてはなりません。間違ったものに迎合してはなりません。そこでは正しい人が浮いているのではなく、正しいことが見えない周りの人々が沈んでいるだけなのです。そのまま放っておけば、周りの人々は溺れ死んでしまうかもしれません。けれども、その中にも正しさとは何かという疑問を持ち、浮かび上がろうとしている人がいるかもしれないのです。そういう人は、大きな心を持って救ってあげる必要があります。

あなたが正しい人であるなら、正しくない人に対して持つべき感情は、憎悪ではなく憐憫《れんびん》なのです。正しくない人を見つめる、あなたのその目に宿すべきものは、憎しみの炎ではなく、哀れみの情なのです。

だから大きな愛で包み込んであげましょう。そういうあなたを必要とする人は、想像以上にたくさんいるはずです。そんなあなたを心から応援している誰かはきっといるはずです。勇気を持ってあなたのもとに寄り添ってくる誰かが必ずいるはずです。

53

大人から子どもへ伝えるべきもの

命の尊さを子どもたちに伝えていく、その責任が大人にあります。

罪もない子どもたちが殺される事件は、過去の歴史でもたくさんあったと言います。しかし今ほど命が粗末に、理不尽に扱われている時代があるでしょうか。過去の事件や事故から我々は何を学んできたのでしょう。何も学んでいないのが本当のところではないでしょうか。事件を引き起こす犯人の動機や心理を探っても、それが新たな事件を防ぐ手立てになったことがあるのでしょうか？　事件を報道し、その犯行動機をえぐり出すことが犯罪を防ぐ近道であるかのように言われることがありますが、しかしそれが幻想でしかないことは歴史が証明しているのではないでしょうか。犯罪を興味本位で報道することで模倣犯罪が増えるだけではないでしょうか。

いつから私たちの社会は、こんな殺伐とした社会になったのでしょう。日本人は、人を尊ぶ社会、人を愛する社会、そのための教育をもう一度問い直す必要があるのではないでしょうか。命のはかなさと尊さは大人が子どもたちに伝えなければなりません。それを伝えられない大人が多すぎるのではないでしょうか。格好悪いとか、ダサいと言われてもいいから、人を愛すること、命を尊ぶこと、はかないものを守り育てることの大切さを伝える大人でいたいと思います。

54

君が見つめる空は青く澄んでいるか

今も心に残る、社会に翻弄《ほんろう》された子どもたち。荒野を越えた先に、君たちはどこにたどり着いたのですか。

学生時代、周囲の大人たちに翻弄されて生きざるを得ない様々な小さな命に出会いました。酒や博打におぼれ、家庭を捨てた大人たちの背後に、捨てられた子どもたち、介護放棄された小さな命が数多くありました。食べるため、生きるために盗みを働かねばならなかった小学生の兄弟。父親が再婚してから手首を切るようになった少女。知的障害のある継母に虐待されたことが原因でしゃべることができなくなった少女。実の父親に犯され妊娠した中学生…。生きるための適応として自分自身を「普通の子ども」ではなくせざるを得なかった小さな命。それを生み出したのは、親をはじめとした家庭環境でした。実習やボランティアというわずかな期間の関わりの中では、その子らを理解できないまま関係が途絶えてしまったこともありました。しかし笑いが消えていた子どもたちの表情が、氷が解けるように徐々に和らぎ、やがて見せてくれた笑顔の愛らしさ。それだけは忘れることができません。

あれからたくさんの時間が流れました。時はあの子どもたちの心の傷を少しは癒してくれているのでしょうか。あの子どもたちの今見上げる空は青く澄んでいるのでしょうか。風は優しく包んでくれているのでしょうか。

55

集中するための頭の中の空きスペース

頭の中に空いたスペースがあれば、心に余裕が生まれ、集中できるようになります。

僕が講演を行うとき原稿をあらかじめ用意して、それに沿ってお話をすることはありません。配布資料や視覚資料が求められるので、パワーポイントなどでファイルは作りますが、それがなくても話はできます。同じテーマの講演でも、受講者の反応や雰囲気によって、微妙に取り上げる事例や、話の内容は違ってきます。それはあらかじめ決めているのではなく壇上で取捨選択します。そのためには集中が必要ですが、集中するためには、頭の中に空きスペースが必要になります。

講演当日は講演テーマのことばかり考えないことが大事です。新たな専門知識を得る努力は欠かせませんが、講演会場への移動の際は、福祉や介護といった専門的なことはほとんど考えず、専門書を読むこともありません。そのことで頭をいっぱいにしてしまっては、逆に集中して考えられなくなるからです。心に余裕がないと、本当の意味での集中は不可能です。余裕がないところでは緊張感から身動きがとれなくなって、それを集中と勘違いしてしまうだけです。しかしその状態では、集中した結果生まれる新たな着想には結びつきません。頭の中に空いたスペースがあるからこそ、心に余裕が生まれ、集中でき、そこに新しい発想が生ずる余地ができるのです。

56

あなた以外の人は あなたにはなれない

自分が自分らしく存在することを誇りに思ってください。

誰かに憧れて、その人のようになりたいと模倣《もほう》するのは悪いことではありません。介護の世界でも、達人と呼ばれる人のようになりたいと願い、その人の言動を真似することがあってもよいと思います。でも、あなたはあなたですから、ほかの誰かにはなれないことを忘れないでください。ほかの誰かになる必要もないのです。

人から教えられたこと、学んだことを心に刻むだけではなく、自分の言葉に置き換えて、自分自身のものにすることが大事です。真似るだけでは、真似た人を超えられないのです。真似るあなたが、真似た人を超えるときに、新たな可能性が生まれるのです。

人はそれぞれ役割を持って、この世に生を受けるのだと思います。それぞれの役割を全うできる個性を持って生を受けるのだと思います。あなたには、あなたしかできないことがあるのです。あなたしか幸せにできない人が、この広い世の中にはいるはずです。だから自分自身を大切にしてください。自分という個性を大切にしてください。あなた以外の人は、あなたになれないという個性を大切にしてください。自分が自分らしく存在することを誇りに思ってください。

57

彼も人なり、我も人なり

色眼鏡をかけて人を見る人にならないでください。それはその人の本当の姿ではないのです。

他人にできることなら、同じ人間である自分にもできるはずだという意味で使う言葉に、「彼も人なり、我も人なり」という言葉があります。

しかし、対人援助に関わる僕たちは、この言葉にもう一つの意味を見出してもよいのではないでしょうか。僕たちがケアプランを作る利用者も、身体介護を行う利用者も、同じ人間であるということです。

認知症で歩き回るおじいさん。足が悪くて歩けないおばあさん。ご飯を食べたことをすぐに忘れるおじいさん。自分でご飯を食べられないおばあさん。廊下でおしっこをするおじいさん。おむつをしているおばあさん。感情のないおじいさん。大声で叫び続けるおばあさん。

そんな括《くく》りで人を見ないでください。それは、その人たちの本当の姿ではないのです。もっと見つめてください。もっともっと見つめて、その人の本当の姿を見つけてください。

人を人として見る前に、おかしな冠をつけて見る人にならないでください。それは僕も、あなたも望んではいないことなのですから。

58

過去と未来をつなぐリレー

介護は愛を伝えるリレー。だから次の世代にしっかりとつなげたいと思うのです。

父が死に、母が死に、長男である僕が一家の主《あるじ》として親戚づきあいを仕切る立場になりました。

しかし、その親戚づきあいは、子どもの頃かわいがってくれた伯父さんや伯母さんたちを看取ること、その葬儀に参列することであることが多くなりました。そんな時、僕はこの世に生まれた意味を、お世話になった方々をしっかり見送る人間になることに求めたりします。そして、自分が旅立っていくときに、手を合わせて見送ってくれる子どもたちをしっかり育てることだと思ったりします。

この世に生かされている人間が、この世で人生という旅を歩み、過去と未来をつなぐバトンを落とさず、しっかりつないでいくことが、この国を、この世界を永遠のものにするのだと思います。

人生とは、新しいものを得る代わりに、大切なものを一つずつ失っていく長い旅だと思います。その長い旅を懸命に歩き続けることが、子や孫たちに命をつなげていくことになるのではないでしょうか。命をリレーするということが、僕たちにできる、お世話になったすべての方々への恩返しなのではないでしょうか。

59

多様性を認めることが本当の正義かもしれない

自分にとっての正義。その対極にあるものは、悪ではなく、他人の正義かもしれません。

大多数の人間は、自分が正しいと思って行動しています。大多数の人間は、自分の考え方は間違っていないと思っています。もちろん僕もそうです。

しかし完璧な人間なんていません。だから間違えるときもあります。そもそも世の中の価値観は様々ですから、答えも決して一つではないはずです。その人にとっての真実が、ほかの人にとっての真実であるとは限らないという難しさもあります。

正義は必ず勝つとは限らないのは、正義も多種類あって、それは時と場合によっては、自分の正義と対局に位置するものであったりするからです。人間や、人間社会というものは、それほど単純なものではないのです。だから多様性を認める幅の広さが、人間の器量ということになるのではないでしょうか。しかし残念なことに、僕自身はこの器量に欠けているという自覚があります。

だからといって自分自身を卑下しませんが、戒《いまし》めは常に胸の中に持っていたいと思います。少なくとも他人の正義を笑うような不遜な気持ちは持ちません。自分の正義と、他人の正義が違ったときは、真剣に議論することを厭《いと》わないつもりです。それが人から嫌われる結果になっても、それさえも恐れません。

60

猪突猛進の正義などいらない

「正義」の正は、一つ止まると書きます。立ち止まって考えない正義は、暴力に過ぎないかもしれないのです。

正義が必ず勝つとは限らないと言いますが、その時勝てなかった正義とは、本当に正しく、意味があるものだったのでしょうか。あなたの正義と、誰かの正義が違ったとき、あなたが常に正しいとは限らないのではないですか。

正義の押し付け、正義の押し売りは、他人を苦しめるもの以外の何ものでもありません。本当の正義とは、押し付けるものではなく、他人に受け入れられるものです。そのためには自分の掲げる正義の御旗が、他人の心に響くのかということを、一旦立ち止まって考える必要があります。猪突猛進の正義など、単に「正義」という言葉を振りかざすだけの暴力に過ぎないのかもしれません。自分が正しいかどうかを、様々な角度から考える姿勢、様々な立場から考える時間、それが必要です。一度立ち止まることが、正義には不可欠な条件になるのです。

どうぞ立ち止まって考える人になってください。立ち止まって考え、誰かにそれが受け入れられたときに、あなたの正義につきあってくれる人が見つけられるはずです。一緒に行動してくれる人が見つかるはずです。

あせらずに本当の正義を探す人になってください。

61

人を愛するとは自分を愛すること

自分を愛することができる人は、人を愛することができる人です。

僕は時々、周囲の人々のちょっとした態度や言葉に傷つけられ、時にそのことに対し怒りや嫌悪の感情を抱いてしまいます。しかし僕はそうした感情を抱いてしまう自分を否定して、自分自身を責めようとは思いません。それも自分の一面であると受け入れ、そうした感情を抱きやすい自分というものを意識して職務に携わります。自分自身の何かを変えなければならないこともありますが、その前に自分自身を受け入れ、自分自身を許し、自分自身を愛せないと、人に対する愛情は持てないのではないかと思います。大きな愛になりたいから、自分自身を愛することから始めようと考えています。

それは自己弁護ばかりして、他罰的な思考に偏ることとは違うと思っています。全ての人の豊かな暮らしを支援する前提として、自らを愛し、他者を愛するという意味だと思っています。皆さんも、どうぞ自分自身を嫌いにならないでいてください。どうぞ自分を愛し、人を愛する人になってください。あなたの素敵な笑顔が、周囲の人々の笑顔と幸福につながることを忘れないでください。人を幸せにするためにある介護サービス。そこに携わる自分を好きでいてください。そのことを続ける誇りを胸に抱き続けてください。

62

薪《たきぎ》をつぎ足す人

心の炎を燃やし続けるために、薪を足してくれる仲間が必要です。

新しいことにチャレンジするとき、既成のものを変えようとするとき、僕たちは様々なバリアと戦わなければならないことがあります。その時僕たちのエネルギーとなるものは、自らの熱い心です。

心に熱い炎を燃やして、立ち向かって行かなければならないときがあります。でも炎は水をかけなくても消えてしまうものなのです。炎を燃やし続けるには、薪が必要なのです。熱い心が必要なときは、どうぞ薪をつぎ足す方法を考える人になってください。どうぞあなたに薪を足してくれる人を大事に思ってください。

僕は、僕の心に薪をつぎ足してくれる仲間を求めて、志を同じくする人々とつながっていきたいと思っています。同時に僕は、熱い心を忘れかけている人の心に炎を燃やす手助けをしたいと思っています。僕自身が、消えかかっている誰かの熱い心の炎に、薪をつぎ足す人になりたいと思っています。その炎が消えない限り、介護の世界は暗闇になることはないと信じています。

そして、十年先の介護サービスの姿が、暗くて見えないというのではなく、十年先の介護サービスの姿が、まぶしくて見えないようになることを願っています。

63

終末期を人任せにしたくない

自分がどのような終末期を過ごすかを、他人が簡単に決めてしまうことの恐ろしさ。看取り介護が重要視される今こそ自戒したいものです。

医療機関以外での看取り介護が徐々に増えてきています。その中には、経口摂取が不可能になっても経管栄養を行わず、必要最低限の水分補給のみで自然死を迎えようとするケースもあります。

経管栄養を行わない自然死・平穏死を提唱する医師の書いた本がベストセラーになるなど、世間一般の経管栄養への認識が少しずつ変化しているように思われます。

しかし、経管栄養がすべて悪いという考え方は間違っています。経管栄養による栄養管理を実施し、回復を願って治療を続けることがあって当然です。延命措置を望むことも認められて当然です。安楽な自然死の過程においても、経管栄養が一時的に必要になるかもしれません。そもそも、経管栄養の対象となる人の選択が最も尊重されるべきであって、こうしなければならないという押しつけがあってはなりません。

そのため、適切な選択ができるための情報提供と説明責任が求められます。それは、経口摂取ができる元気なときから、将来の希望を確認しておくことが望ましいということです。その人が経管栄養を選択したあとは、それが良かったのか悪かったのかでさえも、審判する必要はないのです。

64

死について語ろう

死について語ることをタブー視しない社会へ、みんなで死について語り合える社会になっていくことが求められています。

人間の致死率は100％です。誰も死を避けることはできません。だから人生とは、この世に生を受け、その命が尽きるまでの長い旅であり、それは人生というステージで、それぞれの人が主役を演じる旅なのです。そうであるがゆえに、死とは終わりではなく、人生を完結するステージのラストシーンであるという考え方があります。そしてそのラストシーンをどう生きるのかを自分で選択する権利があるはずです。その中で終末期に積極的な延命治療を行わないという選択肢もあって良いと思います。

しかしその選択のためには、どのような状態が終末期と判断され、どのような延命治療が考えられ、その結果何が起きているのかということが、適切に情報提供され、それを基に広範囲な国民議論が展開されていく必要があると思います。この議論が十分行われていないところで、治療という専門行為について、素人である僕らに何かを決めろというのは、あまりに無責任ではないかと思います。

そのためには死を語ることをタブー視せず、社会全体で、住み慣れた地域の中で、愛する家族同士で、どこでどのように死ぬことができるのかを話し合うことができる社会になっていく必要があると思います。

65

無為に過ごした時間にも意味がある

過ぎ去った時間は再生できないけれど、過ぎ去った時間にはすべて意味があります。

過ぎていった時間は取り返すことができないから、大切にしなければならないと言います。時間を無駄にしてはいけないと言います。しかし、それは常に自分の過ごす時間に意味を見出しながら、生きていかなければならないということでしょうか。

違うと思います。時間は再生できませんが、無為に過ごすことが許されないわけではなく、そのような時間の使い方が必要なときもあるのではないでしょうか。時間が過ぎ去ることをひたすら待つことが必要なときもあるのではないでしょうか。どんなふうに時間を使おうとも、それはその人にとって意味のあることだったのではないでしょうか。

再生することができない、過ぎ去った時間を悔やんでも何も始まらないと思います。今まで過ごしてきたすべての時間は、自分がこの世で生きてきたという証拠で、そのために意味があったと考えてよいのではないでしょうか。無為に過ごした時間があったとしても、そんな時も必要だったと考えてよいのではないでしょうか。過ぎ去った時間を悔やむより、過去に思いを馳《は》せながら、明日の光を信じる人になったほうがよいのではないでしょうか。

66

少し止まって休むから歩き続けられる

ふと立ち止まることを恐れない人になってください。

人生とは、歩み続ける旅です。介護はその人生に寄り添うことができる素敵な仕事です。ゆっくりゆっくり歩き続けることが大事です。喜怒哀楽はそのためのエッセンスです。だからといって介護とは、足を止める人のお尻を叩いてまで歩かせることはしないのです。時には静かに休むためのお手伝いが求められています。なぜなら、「歩」という漢字を見てごらんなさい。歩くという字は、「少し止まる」と書きます。少し止まって歩き続けるのが、歩くという本当の意味なのです。

「歩」は、「ふ」とも読みます。ふと息をつくという意味です。少し止まって、ふと息をついたって良いのですよ。それは取り残されることではないのです。歩き続けるために必要なことなのです。「歩」は、「あゆみ」とも読みます。あゆみとは発達という意味でもありますが、同時に「あゆみよる」という言葉にもなります。これは譲歩するという意味であり、「譲り合う」と同義語なのです。歩き続けることとは、発達しながら、人と道を譲り合いながら進むという意味です。

どうぞ、人に道を譲ることができる優しさを持った人になってください。ふと立ち止まることを恐れない人になってください。

67

経験だけが人を成長させるという思い違い

経験を重ねて感動しなくなることを、成長することだと勘違いしないでください。

新しくチャレンジすることに心が踊らなくなったら人は退化します。物事に動じないことと感動しないことは、似て非なるものなのです。

経験が人を必ず成長させるというのは間違いです。経験しても、それを新たな階段を上がるためのステップにしようとせず、満足してしまえば次に進めなくなります。経験したことで、感動を失った人に新しいものは作れないのです。

経験そのものに意味があると勘違いしないでください。それは経験というものにあぐらをかいて、初々しいやる気を失ってしまった人の言い訳にしか過ぎません。

僕は新しい出会いに感動する心を失わず、対人援助サービスの道しるべを作る人になりたいと思います。誰かに任せる人ではなく、自分自身がやり遂げる人になりたいと思います。敷かれたレールがあるとしても、その先に新しいレールを作り、つなげていく人になりたいと思います。そのために誰かの「赤い花」になろうとする仲間を増やしていきます。

「赤い花」になろうとしても、その方法がわからない人、迷い道に入っている人に勇気を与えられる人になりたいのです。

68

あかね色に燃える夕日が沈み行く時

人生が黄昏に向かって歩く旅だとしたら、どの時期にも意味があります。

人が他の動物と区別される本質的な差は、時間を認識するということであり、その有限性を「死」として理解できるということです。命輝く青年期に、その存在さえ考えもしなかった「死」について、人生の何十年か後に考える時間が与えられているというのが「高齢期」の一つの意味ではないのでしょうか。

若いときにしかできないこともありますが、年をとらないとわからないこともあるのです。一つひとつ物事を知ることが増えてくる「老い」という時期も人の生命にとって、人生にとってなくてはならない時期なのです。「老い」を拒否する社会は死を拒否する社会です。しかし老いも死も必ずやって来ます。我々は時間の中で生きています。すがすがしい朝、燦々《さんさん》とふりそそぐ太陽の光は素晴らしいものです。しかし同時に、あかね色に映える夕陽も美しいし、その夕陽がやがて沈むことを知るのは大切なことです。人生とは、それぞれに意味深い時間の流れなのです。二十代の頃、五十半ばを迎える自分を想像できませんでした。しかし今、その時期を迎えてみると、五十代は五十代で、また面白い人生があるのだと思っています。そうした時間の流れの中で「老い」の時期をも楽しんで迎えられる人生でありたいと思っています。

第三章

あなたがいるから 地域で暮らし続けられる

69

生かされている自分たちにできること

志半ばで命を失った人たちに代わって、私たちができること。
それは恥ずかしくない介護サービスを作り上げることです。

東日本大震災は、金曜日の14時46分18秒に発生した地震から始まっています。その時間、被災地では、いつもの金曜日のように介護サービスに従事していた我々の仲間が一瞬のうちに瓦礫の下敷きとなり命を失っていきました。その後に発生した津波によって、介護サービスを天職と心得てがんばっていたたくさんの仲間が命を落としました。僕たちは、それらの人々ができなくなったことを代わりに実現する義務があるのではないでしょうか。志半ばで命を失っていった人々が目指していたものを代わりに実現する義務があるのではないでしょうか。それは家族や家や財産をすべて失った被災者の方が、将来我々のサービスを必要とするようになったときに、生きていて良かったと思えるサービスを提供することでしか実現できないものではないでしょうか。

僕らがそういうサービスを作り上げることで、心に深い傷を負った人々の支えになることができるのではないでしょうか。そういう誇りを胸に、誰から見られても恥ずかしくない介護サービスを創ろうとしなければならないはずです。そのことを胸にして、日々生かされている自分ができることを続けていきたいと思います。日々自分ができる方法で伝えていきたいと思います。

70

あなたがいるから地域で暮らし続けられる

阪神・淡路大震災、そして東日本大震災。高齢者を救ったケアマネジャーたち。地域には、あなたを必要とする人々が確かに存在しているのです。

阪神・淡路大震災が発生したとき、救援活動に当たった行政職員をはじめ、ボランティアの方々の奮闘には頭が下がりました。しかし、介護が必要な利用者の状況を個々に把握することはなかなか難しい状態でした。

しかし、その数年後に新潟で起こった大きな地震の際には、介護保険制度ができていたため、介護支援専門員という専門職が地域で活動していました。彼らは自分の家が被害に遭っているにもかかわらず、自分の担当する要介護者がどんな状況に置かれているかを確認するため、地震発生直後から被災地を駆け巡りました。その結果、多くの要介護者がほどなく必要な支援を受けることができました。

東日本大震災でもそれは同様でした。家を失い、家族の安否確認もできていない状態で利用者の安否確認に奔走《ほんそう》している介護支援専門員には、頭が下がるどころでは済まないくらいの感情を持ちました。

介護支援専門員という資格が誕生したことによって、社会福祉の底辺は間違いなく引き上げられているのです。自分が困ったときに駆けつけてくれる担当者が身近にいるという安心感は大きいのです。決してなくしてもよい資格ではないのです。

71

介護イノベーション

信じよう介護イノベーション。信じようこの国の未来。小さな地域から始めよう。あなたの周りから始めよう。若いパワーがきっと介護を変えます。

人材難が叫ばれる福祉・介護業界では、事業者の増加に人材が追いつかないという現状があります。しかし、有能な人材と思われる若い人は確実に増えています。彼らは、自分たちの実践から得た様々な方法論をエビデンスに変えようと、情報発信や啓発活動をしています。

全国的に名が知られるような広域活動をしている人だけでなく、自分の住む地域に新しい介護サービスの形を作ろうと、小規模な活動を地道に続けている人もいます。地域の仲間とともに、知識・援助技術・意識レベルの向上などを目指して、懸命に取り組んでいる人が確かにいるのです。

彼らは、利用者の暮らしを守るために新しい方法論を作り出そうとしています。僕たちが若い頃には想像もつかなかった方法で、僕たちが若い頃に持ち得なかったエネルギーで、この業界に新しい風を運んでくれています。

僕はそうした人々の作るものがきっとこの国を変えてくれると信じます。だから、この国の未来は決して暗くはないと信じます。そうした人々の力によって、「介護イノベーション」は必ず実現するのだと信じます。

72

人の幸せに関わる幸せ

誰かの幸せに関わることができる使命と誇り。これこそが介護職にとっての「幸せ」です。

僕たちの職業とは、誰かの人生の幸福度を左右するかもしれないという職業です。

しかしそのことを重荷に感じて、自らにプレッシャーをかける必要はありません。誰かの暮らしぶりをよくするために、そこに介入する自分が聖人君子のような存在にならなければならないということではないのです。豊かな良い暮らしとは、普通の感覚を忘れず、人として当たり前の暮らしとは何かということを問い続ける先に見つかるものです。人の存在そのものが素晴らしいのだという思いを持ち、人としての愛情を注ぎながら、援助を求める人々と関わり合いを持つことで実現できるものなのです。ただし職業人としてそこに関わるのですから、専門知識や援助技術といった専門性を基盤として持っていることは当然のことです。

人の幸福度を左右する時期と居場所に関わっているということは、その職業が人の命と暮らしを守るという使命を持つ尊い職業であり、そこに自分が必要とされ、そこに存在していられるという意味です。それは何にも替えがたい誇るべきことであると考えたほうが良いのではないでしょうか。僕たちはそうしたプライドを持って、日々の業務に携わっていくべきではないでしょうか。

73

思いを伝えると未来は変わる

人と人が出会って思いが伝わると、未来は変わるのかもしれません。

僕の講演を聴いた方が、帰り際に「良い話を聞かせていただいてありがとうございます。いろいろあって、介護の仕事を辞めておりますが、また介護の仕事に就きたいと思いました」と言ってくださったことがあります。

その方は、ある事情によって介護の仕事を辞めた方で、今はこの業界に関わってはいないそうです。しかしかねてから僕のブログや本を読んでくださっている方で、お住まいの地域で僕が講演を行うことを知って、会場に駆けつけてくれたそうです。

短い会話の中で察するに、彼女が最初に勤めた介護サービス会社は、人の役に立って、人を幸せにするような方針を持った会社ではなかったようです。そのことに心を痛めて、介護という仕事から身を引いたようですが、そういう会社や人ばかりではないことに、あらためて気がついて、もう一度介護の仕事に希望を見出そうと考えているようでした。すぐに介護の仕事に復帰するわけではないかもしれませんが、僕の講演を聞いてくださったことによって、そのように感じてくれた人が、介護の仕事に再度チャレンジし、その場所で誰かの赤い花になってくれるとしたら、こんなうれしいことはないと思いました。そのことは僕の勇気にもなります。

74

介護のプロとして持つべき倫理観

職業倫理とは、人として何が大切かという本質を問い続けることです。

法令遵守は大事です。しかし法律は所詮文章にしか過ぎないという一面があります。だから人間生活のすべてを法律で規定できるものではないという理解が必要になります。介護サービスにおける基準省令やQ＆Aにも最低限の決まりしか書かれていません。だからそれを守るだけで、誰かを幸せにできると考えるのは間違いなのです。介護のプロフェッショナルとして持つべき倫理観は、法令に書かれているわけないのです。そしてそれは法律より広くて、上位に存在するものです。

しかし倫理観と言ったって、それは人として当然守らねばならない道徳や社会規範の問題なのですから、世間一般の常識と大きくかけ離れた常識を持った人でない限り、人として何が求められているかを考えることで見つけることができる答えなのです。さほど難しく考えなくてもよいはずなのです。だから法令文章に書かれていないことはやらないとか、逆に法令文章で禁止されていないことはなんでもできると考えるほうがどうかしています。僕たちにはそうした常識があることを前提にして法令は作られているのです。そうであれば、僕たちが常識を失ってしまったとき、もっと厳しいルールにがんじがらめにされてしまいかねません。

75

路傍に咲く一輪の花のように

あなたには人目に触れない場所でも美しく咲く人であってほしい。そんな勇気と覚悟を持ってほしい。

花は人の心を和ませる美しい存在です。しかし、花は人目に触れない場所でも美しく凛々《りり》しく咲いて、そのまま静かに散ってしまうこともあります。

介護という仕事は、誰かの心の中に咲いて、誰かの心を癒し、誰かを幸せにするために存在する職業です。僕たちはそこで、誰かの心の中に咲く美しい花になることができます。そういう誇りを失わないでください。

路傍に咲く一輪のコスモスのように、誰も見ることができない場所であっても咲き誇る存在になる必要があります。誰からも評価されなくとも、美しい花を咲かせる存在でなければなりません。その花びらが、誰からも美しいと言われることもなく散らせてしまうことさえ恐れない存在にならなければなりません。そうしないことには本当の意味で人の心を癒せません。人の暮らしを守ることはできないのです。

対人援助に関わる全ての人が、そういう誇りと自覚を持ってほしいと思います。そのことは綺麗事《きれいごと》でもなく、理想論でもなく、人のためでもないのです。それはいずれ自分に還《かえ》ってくるのです。自分や自分の愛する人々が幸せになるためにも、そのことが求められていることを忘れないでください。

76

「NO」からは何も生まれない

制限することは誰にでもできますが、可能性を探し続けることは専門家にしかできません。

できる可能性を考え、その実現を目指すことは知恵のないものにはできません。何かしようと提案すると、「できない理由」や「あり得もしない想定」を一生懸命探して反対する人がいます。反対のための反対を探している人がいます。まるで新しいことをすることが、自分の地位や生活を脅かすとでも思っているかのような態度の人がいます。

専門家はできないことを考える人なのですか？　そうではありません。できることを一歩ずつ積み重ねていかないと、新しいエビデンスは生まれないのです。できることを積み重ねた先に、暮らしの場では新しい笑顔が生まれるのですよ。

僕はいつも目の前の利用者が幸せそうに笑っている姿を見たいのです。僕の幸福は、あなたの涙によって存在するのではなく、あなたの笑顔によってのみ存在するのです。

何かを制限することが必要な人はいるでしょう。しかしどこまで制限すべきかを考え、制限しなくてよい可能性を探すことが暮らしの場では求められるのです。制限するだけなら専門性はいりません。禁止って言えばいいだけですから。その中でもできることを探すのが、人の暮らしに寄り添う専門家の責任ではないのでしょうか。

77

命のバトンをつなげるケア

看取り介護とは、その人の命が未来につながり、永遠となるお手伝いをすることです僕の施設で亡くなられた方のご遺族が、一周忌法要を終えたあと、「少しだけ父が暮らしていた部屋を見せてください」と施設を訪ねてくれるときがあります。それだけ最期に過ごした部屋、最期に過ごした場所というのは、遺族にとって意味のある場所なのだと思います。そこでどのような最期の時を過ごしたのか、どのような支援が行われたのかは、そこでお亡くなりになった方だけの問題ではなく、ご遺族の方々にとって重大な問題であり、ご遺族の方々の胸の中に残る故人への思いに影響を与えるものなのだろうと思います。

そうであるがゆえに、ご遺族が「どうしてあんな施設に最期を任せてしまったのだろう」という後悔の念を持つようなことがあってはならないと思います。看取り介護はそれだけ責任が伴う介護ですが、誰しもが安心して安楽に最期の瞬間を迎えるお手伝いをできるという意味は、その人の命が遺族につながり、永遠のものとなるお手伝いができるという意味でもあります。そのことに誇りと使命感を持って、正しい知識と技術を身に付け、日々向上心を持ちながらケアに努めることで、我々はたくさんの人々の命のバトンをつなぎ、遺族やその周りのたくさんの人々を幸せにできるのです。

78

待たせないケアとは後悔しないケア

利用者を「待たせない介護」は、自分が「後悔しない介護」です。

僕が特養の生活指導員（現在は生活相談員）として働き始めた当時、介護職員はすべて女性でした。そのため相談員は、ソーシャルワーカーとして見られるよりも、特養の中で数少ない「男手」として見られ、力仕事をはじめとして、男の人が得意であると思われることは、すべて僕にその役が回ってきました。テレビのリモコンのチャンネル合わせ、ラジオの電池交換などです。それらは相談援助とは関係のない業務ですが、広い意味での暮らしの支援と考えて、できることはなるべく対応するようにしてきました。ある日、退勤しようと思って職員玄関に向かっている途中、女性利用者から車椅子の動きが悪いので、油をさしてほしいと頼まれました。しかしその時、僕は急ぐ用事があったため、明日対応しても問題ないだろうと考え、「明日まで待ってください」とお願いし帰りました。しかし彼女に翌朝は訪れることはなく、その日未明に心不全で亡くなりました。僕は今でも、そのことを思いだし、あの時なぜ車椅子に油を指すくらいの時間を惜しんだのだろうと後悔しています。今しなければ間に合わないことがあり、そのために取り返せない大切なものがあることを知りました。

明日やろうは、ばかやろうだと思いました。

79

天使になる必要はない

人の心の痛みがわかるということは、特別な才能ではありません。

天使のように優しい人でなくても介護の仕事はできるのです。普通の人でよいのです。しかし普通の人とは、人の悲しみに鈍感な人ではないはずです。介護は究極的には、世の中の幸福に寄与する行為だと思います。そうであれば人の喜怒哀楽に敏感な心を持つ人が、本当の意味での介護ができる人だと思います。しかしそれは決して達人の領域ではなく、普通の人が普通に達することができる領域です。なぜなら人は、誰から教えられなくとも喜怒哀楽の感情というものを持っているからです。自分の心から学んで、相手の立場にたてば、それは自ずと見えてくるのではないでしょうか。

そして介護者が、人の幸福に寄り添う存在になろうとすれば、何より人の心の痛みに敏感である必要があると思います。人の「死」とは、個体死・肉体死だけではないのです。心を殺されるという精神死もあるのです。そして心を殺されてしまった人は、二度と人として立ち直れないかもしれないのです。

心を殺しても、罪にならないかもしれませんが、心を殺す行為は殺人となんら変わりのない許されない行為なのです。だから対人援助サービスは、非科学的で目に見えない愛情というものなしでは語れないのです。

80

悲しむことができるのは人間だから

高齢であるだけで、認知症があるだけで、心身に障害があるだけで、そして施設に入所しているだけで、最愛の人の死を知らされない人がいます。許されることですか。

最愛の人の死の瞬間を看取るということは当たり前のことです。命の炎が燃え尽きる最期の場に、家族である誰かがそこにいるべきかどうかなど議論にさえなりません。ましてや、自分の肉親の死を伝えないなどという選択肢は存在しません。

それなのに、高齢という理由だけで、認知症や心身の障害があるという理由だけで、施設に入所しているという理由だけで、その場に一緒にいる権利さえ奪われてしまう人がいます。最愛の人の死を知らせてもらえない人がいます。

「ショックを受けて体調を悪化させたくない」と言いますが、当たり前のことをしてもらって受けるショックと、当たり前のことをしてもらえずに受けるショックは、どちらが大きいと思いますか。

喜怒哀楽すべての感情を抱いて生きていくのが人間の一生です。事実を隠してすべての悲しみを排除できるわけがないのです。

最愛の人を失うことはショックでしょう。それは最大の悲しみでしょう。しかし、最愛の人が息を引き取る瞬間を看取ることは、遺される人が逝く人にできる、この世で最後の行為なのです。それを奪う権利は肉親にもないはずです。

81

恩を返すだけで笑顔が生まれる

子どもの頃に手を引いてくれたおばあちゃん。今度はあなたが手を引くことができる幸せな仕事。それが介護です。

人間は、生まれてから独り立ちするまでの間、たくさんの人に手を貸してもらって生きていきます。それゆえに自分の力で歩くことができるようになったら、自分が何かをしてもらった分だけ、それを人に返していくのです。それが、人とともに生きるということです。

子どもの頃、あなたの手を引いて守ってくれたおばあちゃん。いつか年をとって、今度はあなたが手を引くことになるでしょう。その時、あなたは感謝の心を胸に抱きながら、おばあちゃんの杖になることができます。

幸いなことに、介護の仕事をしている私たちの目の前には、そうした恩を返すことができる、たくさんの人々がいます。その人たちに私たちが受けた恩を返していくだけで、私たちは生活の糧を得られるのですから、こんなに幸せなことはありません。豊かな心を持って恩を返していきましょう。

私たちが恩を返していくだけで笑顔になってくれる人がいることを、喜びに変えましょう。笑顔をたくさん生むことができる介護という職業に誇りを持ちましょう。

どうぞ、ありがとうの心を誰かに返していける人になってください。

82

私たちは家族にはなれない

介護の専門家は、家族とは一歩も二歩も離れた場所に立って、利用者を見つめなければなりません。

介護サービスとは、介護の専門家として利用者に関わるという職業です。だから僕たちは家族と一歩も二歩も違った場所に立って、利用者を見つめなければならないのです。利用者に対して親身に思いを寄せようとしても、感情のありようや関係性の距離感は、家族のそれとは異なるものです。この距離感を意識しなければなりません。

家族であるために許される、馴れ馴れしい言葉遣いや態度は、僕たちには許されないのです。息子や娘が親に対してぞんざいな言葉遣いをしたとしても、それは血縁関係をもとに長年培われた関係性の中で許される言葉であり、介護のプロである僕たちに同じ言葉遣いが許されるわけではないのです。くだけた言葉遣いや態度が親しみの表現であると勘違いしてはならないのです。

職業に対する誇りは、職場に転がっているものではなく、結果を出せる仕事をした先に生まれるものです。プロとして誇りを持てる人とは、プロとして利用者に接することができる人です。素人と同じレベルでしか利用者に接することができない人が、どうしてその職業を誇ることができるというのでしょうか。このことを決して勘違いしてはならないのです。

83

1%の幸せ

人生の99%が不幸だとしても、最期の1%が幸せだとしたら、
その人の人生は幸せなものに変わるでしょう。

マザー・テレサ

マザー・テレサが残した名言に「人生の99%が不幸だとしても、最期の1%が幸せだとしたら、その人の人生は幸せなものに変わるでしょう」というものがあります。誰かの人生の最晩年期に関わる僕たちは、この言葉を信じて、対人援助を求める人々に向かい合っていく必要があると思います。自分たちが関わって結果を出すことで、誰かの人生が幸せなものに変わるかもしれないと信じるのです。

人生の幸福感は、そんなに簡単に変わるものではないと疑問を持つ人がいるでしょう。しかし、対人援助を職業にしている人々は、そんな疑問を少しも挟まずに、この言葉を信じてよいのだろうと思います。

信じることで価値が生まれます。価値があれば、人はそれについて考えます。そして、考えることが行動につながっていくのです。

この言葉に疑問を挟んだところで、新たな価値は生まれず、状況は少しも変わりません。この言葉を信じて何かをしようと行動した先に、いろいろな工夫が生まれ、いろいろな方法論が生まれます。やがて、それが人の暮らしを良くするためのエビデンスとなっていくことでしょう。

84

理想をあきらめないケア

輝こうとする人々が、本当に輝いて仕事ができる介護サービスが求められています。

あなたは今、確かに介護サービスを提供する側にいるでしょう。介護サービスを創る立場にいるかもしれません。でもあなたも僕も、永遠の存在ではないのですよ。いつかあなたも僕も介護サービスを使う立場になるのかもしれないのです。その時、サービスを使う人の心を殺してしまう介護しか存在しないとしたらどうしますか。

介護サービスが、あなたやあなたの大切な人々の心を奪い、生きながらえるためだけに、我慢して使わなければならないサービスであったとしたらどうしますか。

そうしないために、私たちは大切なことを、次代を担う人々に伝えていかなければなりません。人の役に立ちたいと思い、介護を一生の職業にしようとする人々が、その志を遂げることのできる場所、志を高く持つ人々が生き生きと活躍することができる場所を後輩に渡していかなければなりません。人の幸せを、自らの喜びとする人材を育てていかなければなりません。

理想と現実は違うなどという言葉で、志の高い若い人を潰すような介護であってはならないのです。理想に向かって進むことができる介護にしなければ、私たちは大切なものを自らの手で葬り去ることになるでしょう。

85

命のリレー

命に限りはあっても、思いは永遠。看取り介護はその思いをつなぐものです。

「嫁に行って家を出てから、一度も母と暮らしていないんです」といった六十代の娘さんは、まもなく看取り介護の対象になるだろうと予測される母親の最期の瞬間に立ち会えないことを恐れ、まだ危篤状態ではない時期から母親に付き添うことを望み、道外から当施設に駆けつけました。結果的にその方は、四十日間昼夜を問わず母親のベッドサイドで寄り添いながら過ごすことになりました。

最期の日、お母さんが息を引き取る瞬間を看取った娘さんは、涙を流されながらも、どこかすがすがしい表情をされていました。亡くなられたお母さんの死とは、それで終わりではなく、娘さんの心にお母さんが再生されたということなのかもしれません。少なくともそれは、今後の娘さんの人生にとって、意味があるはずです。

命とは、一人の人間の中に宿る最も貴重で、かつ儚《はかな》いものではありますが、それは同時に、大切な家族に脈々とつなげられていくものです。人としての個体に宿る生命に終わりが来たとしても、その人が持つ思いは、大切な誰かに伝わっていくものだろうと思います。そうして人間社会というものが続き、歴史が創られていくのだと思います。看取り介護は、その思いをつなぐための大切な介護だと思います。

86

道を知っている人が その道を歩けるとは限らない

その道を歩いたことがない人の道案内では、目指す場所にたどり着けないかもしれません。

僕の講演を聞いてくださる全国の皆さんにお願いしたいことがあります。

どうぞ僕のことを先生と呼ばないでください。なぜなら僕は先生ではないからです。なぜなら僕は皆さんを生徒だとは思っていないからです。僕は皆さんのことを仲間だと思っています。心をつなげることができる仲間だと思っています。なぜなら僕は、こう考えているからです。教えるのではなく、言いきかせるのでもなく、伝えて、心に火をつける人になりたいと。

そして気をつけてほしいことがあります。物事を教えてくれる人はたくさんいます。導こうとしてくれる人はたくさんいます。でもその人は、道を知っていても、その道を歩いたことがない人なのかもしれません。その人は、知識として道を知っているだけなのかもしれません。そうであるなら、その道のどこにぬかるみがあって、その道のどこに障害物があるのかを知らないのかもしれないのです。道を教えることができても、一緒にその道を歩けない人の道案内では、目指す場所にたどり着けないかもしれませんよ。その道を歩いたことがある人に導いてもらわねば、たどり着けない場所があるのです。僕は自分が歩くことができる道を伝えていきます。

87

誰かの心に咲く花のように

幸せの量に規制はありません。あなたが明かりを灯せば、たくさんの人たちが幸せになります。

世の中に存在する幸せに総量規制はありません。誰かが幸せになったからといって、自分が感じられる幸せの量が減るわけではないのです。人の不幸を踏み台にした幸せなんてありえません。人の心を傷つけて得ることができる満足感があるとしても、それは一瞬です。人を傷つける行為によって、人は自らの心に深い傷を負うのです。そこには虚《むな》しさしか残りません。

人は人との間で生きていける存在です。誰かが笑うから、自分もうれしくなるのです。誰かのために明かりを灯せば、自分の周りも明るく照らされます。

僕たちが良いケアを提供することで誰かを幸せにできるとしたら、その人の幸せな姿を見て、家族や親戚や友人たちは幸せな気持ちになります。そういう人々の笑顔を見ていると、僕たちもますます幸せになれるのではないでしょうか。

介護を職業にする人は、誰かの心を慰めることができる「赤い花」のような存在になりながら、同時に生活の糧を得ることができます。そんな素晴らしい職業の誇りを失わないように、精一杯の愛情を持って、自分ができることを行っていきたいものです。それは決して特別な行為ではなく、人として当たり前にできることですから。

88

ゴールのない旅に寄り添うこと

利用者と一緒に歩き、一緒に新しい景色を見ようとする人でいてください。

私たちの仕事に絶対はありません。私があなたを喜ばせたいと思って、良かれと思う方法が、あなたにとって本当に良い方法とは限らないからです。どうぞ私が気づいていない方法を、あなたから学ばせてください。そのために要求してください。

私たちの仕事に頂上はありません。いつもベストの結果を求めるのがプロですが、私たちが提供するサービスの頂点に上り詰めたときに、その頂上からしか見えない世界がきっとあるからです。どこかに広がるはずの新しい世界を見つめるために、どうぞ私たちを一緒に歩かせてください。そして、どうぞ私たちと一緒に新しい景色を見ようとする人でいてください。

私たちの仕事にゴールはありません。テープを切るだけが人生の目的ではないからです。ゴールのない道を神様は私たちに与えてくれているからです。ゴールにたどり着いて、何もすることがない恐怖に震えないように、人は日々喜び、日々苦しみ、日々楽しみ、日々悩み、日々感じるのです。

日々迷って新しい道を探し続けるのです。人生とは、そうした歩みを続ける旅です。介護はその人生に寄り添うことができる素敵な仕事です。

89

「日常」あっての「非日常」

特別な時間よりも日常のほうがずっと長いのです。利用者が日常生活を楽しめる環境こそが大切なのです。

難しいことを実現する前に、当たり前の暮らしとは何かを問い続けることが介護の本質だと思います。当たり前のことを当たり前に考えられなくなったときに、人は悩み、苦しみ、間違いを犯すのです。

当たり前のことを考えられなくなってしまう人が介護サービス提供者であれば、介護を必要とする人々の暮らしは守られなくなってしまうのです。

暮らしの中の非日常は大事ですよ。特別な行事は暮らしに潤いを与えるために必要でしょう。でもね…。日常が充実していてこその非日常でしょう。特別な行事がどんなに盛大に行われたとしても、そのことで日常生活に支障をきたすのは本末転倒ではないですか？　行事のために、暮らしを犠牲にしないというのが当たり前の感覚なのです。日常の暮らしに非常識が蔓延《まんえん》しているのであれば、人は幸せになりませんよ。一瞬の行事だけ楽しめて、日常の暮らしを楽しむことができない生活は普通ではありません。それはサービス提供者の自己満足にしか過ぎません。

特別なこと、高度なことではなく、ごく当たり前の「人間らしい暮らし」を守るために介護が存在することを忘れないでください。

90

介護の土台は三大介護

基礎介護ができていない施設は、基礎工事ができていない住宅に等しいのです。

施設サービスが三大介護（食事・排泄・入浴）の提供に振り回され、それ以外のサービスに目が向かないことは生活の質につながらないという指摘があります。確かにその通りですが、それは三大介護をおざなりにしろとか、それを軽視してよいという意味ではないのです。それは三大介護という「基本サービス」が適切な方法で行われているという前提があって初めて言えることでしょう。土台となる三大介護ができていないところで、その上に積み上げることのできる介護は存在しないのです。土台が崩れてしまいますから。

食事の楽しみを奪い、それが単なる栄養補給の方法に陥っていないかを考えなければなりません。同時に、その時に利用者は安楽姿勢で安心できる方法で食事摂取ができているのかが問われています。トイレで排泄すればよいということではなく、トイレの便器に十分も二十分も座らされ放置されている状態は好ましくないという感覚が必要です。そうしないために便器に座ったときに排泄できる座位姿勢の支援が必要です。湯船に入って心身ともにリフレッシュするという入浴習慣を持つ人々に対して、単に身体を清潔にするだけの入浴方法を押し付けていないのかが問われているのです。

91

幸せの樹形図

介護とは、無限に広がる「幸せ樹形図」を描くことができる仕事です。

特養に自ら望んで入所する人はほとんどいません。だからといって、僕たちは特養が必要悪であるかのような誤解をしてはなりません。自ら希望して入所したわけではない場所であっても、一旦そこで暮らし始めたら、もう別の場所に移りたくないと思ってもらえるケアを作っていけばよいのです。僕たちが良い暮らしを提供し、利用者が望んだわけではない場所での暮らしに満足し、幸せになってくれたなら、その場所にはきっと笑顔が生まれることでしょう。利用者の表情を見る家族も安心して、幸せな気分になり、笑顔になることができるでしょう。その幸せと笑顔は、家族のみならず、友人や知人など周囲の人々に広がることでしょう。それは無限に広がる「幸せ樹形図」を描く結果となります。

介護とは、誰かがそこで幸せになることで、その周りの人々に笑顔を広げ、無限に続く「幸せ樹形図」を描くことができる誇り高き仕事です。それは誰かが幸せになるために、僕たちが必要とされているということです。僕たちはその誇りを胸に抱いて、「幸せ樹形図」を描き続ける必要があります。それはやがて自分が愛する誰かと自分自身の幸せにもつながる樹形図となることでしょう。

92

介護のエビデンスは大学の教授室からは生まれない

介護のエビデンスは現場での実践の積み上げから生まれるのです。

研究者のほうが、対人援助サービスの現場で働く職員より偉いみたいな考え方があります。しかしそれは間違った考え方です。研究は大事ですが、実行できない研究は意味がないのですから。

そういえば、実習生を何百人も教えているから、実習生の目を通して誰よりも介護の現場を知っていると言っていた大学教授がいましたね。しかし実習生の目というフィルターを通してしか見ることのない姿は、真実の姿ではないのです。

自分で実行もできないのに、偉そうなことを言っても始まらないのです。研究は実行を伴ってはじめて成果となるのです。だから対人援助の場で働く皆さん、もっと胸張って、自信を持ってください。僕たちがそこで実践しようと思い、実際に行ったことを積み上げて行くことでしか、介護のエビデンスは生まれないのです。理論や理屈だけでエビデンスは生まれないのですから、それは大学の教授室からは生まれません。せっかくエビデンスを作ることができる場所にいるのですから、僕たちは未来に向けた新しい介護の方法論を作っていく責任がありますよ。そしてそれは人を幸せにするための実践論であることを忘れてはなりません。

93

「腐ったミカン」を箱から取り出す

「腐ったミカンの方程式」（※）を、介護サービスの現場に存在させてはなりません。

※テレビドラマ『3年B組金八先生』より

腐ったミカンの方程式とは、箱の中にたった一つだけ腐ったミカンがあるだけで、全部のミカンが腐ってしまうことを言います。

介護サービスの現場でも、大多数の職員がサービスの品質の向上に取り組もうと志を高く持っていたとしても、それを鼻でせせら笑って、同じ方向を見ようとしない、たった一人の職員の存在によって、全員のモチベーションが低下し、サービスの品質が上がらないどころか、以前にもましてその品質が低下してしまう場合があります。

そこで全体のモチベーションを下げる原因となる職員とは、まさに「腐ったミカン」なのです。そしてその姿はとても醜いのです。しかし腐ったミカンは、自分自身の醜い姿を自分自身では決して見ることができません。その醜い姿は他者からしか見えないものです。あなたは自分だけが見えない醜い姿で、全体を腐らせるような人になりたいと思うでしょうか。決してそうは思わないはずです。自分自身を腐ったミカンにしないでください。臭ったミカンには、その醜い姿を鏡に映して気づかせてあげてください。でもどうしても、その醜い姿に気づかない人、臭ったミカンのままでいる人は、全体が腐る前に箱から取り除かねばなりませんね。

94

オンリーワンへ

ナンバーワンよりオンリーワンが求められる理由があります。

ナンバーワンになるより誰かのオンリーワンになりたいと言うと、「対人援助に従事する職員がナンバーワンを目指さなくてどうする。それはナンバーワンになる能力のない人間が、オンリーワンという耳障りの悪くない言葉を使って現実逃避をしようとしているだけだ。それではいつまでたっても介護の質は向上しない」と指摘する人がいます。

しかし、その意見は的はずれでしょう。僕たちは誰かに勝って頂上に登りつめることを欲していません。なぜなら対人援助の目的とは、僕たちが勝ち残ることではないからです。サービス提供者の勝ち負けなんて意味がなく、サービスを利用する人々の暮らしが良くなることを望んでいるだけなのです。だからオンリーワンのサービスを積み重ね、同時にそのことを広く情報公開していくことが求められているのです。

オンリーワンとは、我々が向かい合う利用者はワン・オブ・ゼム（その他大勢の一人）ではないという意味です。我々と向かい合っている一人ひとりの利用者がオンリーワンとして意識され、愛されなければならないのです。だから介護の現場でナンバーワンになる必要はないのです。

95

神のごとく君臨する恐さ

神のような存在にもなれる介護職の怖さを知ってください。

介護施設という場所は、そこで暮らしている人にとっては、ある意味自分が人質に取られているようなものではないでしょうか。日常生活を送るために、誰かの手を借りなければならない人たちにとって、手を貸してくれる職員の機嫌を損ねたら、夜勤帯など、その人しかいない時間帯にどんな仕打ちを受けるかわからないという気持ちを持つことは至極当然です。家族も同様に、自分の目の届かないところで酷い仕打ちを受けたら困ると考え、不満を持ってもストレートに表現できないのではないでしょうか。そうであるがゆえに、我々は利用者や家族の、そういう気持ちをより強く意識すべきです。利用者や家族の方が不満を抱え込まないように、不満を持っても訴えられるように、より適切にプロとして真摯に関わるという気持ちがないと、介護施設はブラックボックスになってしまいます。

自分の置かれた状況や、自分の身の回りの危機を正確に訴えることができない認知症の人なら、なおさら我々自身がその方々を守るという姿勢が必要です。それらの方々と一対一で接するとき、我々が神のように何もかも決定できることの恐ろしさを知り、自らを悪魔のような存在にしない意識が求められます。

96

百年後に称《たた》えられる介護福祉士になる

介護の現状を変えようというエネルギーとオリジナリティが、新しいエビデンスを作り上げるのです。

僕が非常勤講師を務める介護福祉士養成校の新一年生の教室には、毎年四月にクラス目標が掲示されます。その中に「百年後に称えられる介護福祉士になりたい」という目標がありました。その志はとても良いと思います。しかしそれをスローガンだけで終わらせることなく、本当に実現してほしいと思います。

それは介護サービスの中で、新しいエビデンスを作っていくことです。彼らの先輩たちが乗り越えることができなかった壁を乗り越えていくことです。介護の現状を変えるエネルギーがそこには必要です。そこには冷たい逆風が吹き付けるかもしれません。高い山が立ちはだかるかもしれません。それに負けずに既存のものに打ち勝っていかなければなりません。現実になっていない理想を、幻想で終わらせずに実現させなければなりません。そのためには自分の方法を作り上げる必要があります。なぜならオリジナリティこそが新しいエビデンスを生み出す力だからです。そのためには、日々覚えることがあること、新しいやり方を発見できることに喜びを感じる人になりましょう。そうすればその取り組みは決して苦痛ではなくなるはずです。それは地位や名誉やお金のためではなく、愛する誰かのために必要なことなのですから。

97

良いケアしか残らない
良いケアしか残さない

介護に吹く新しい風は、利益至上主義のベンチャーではなく、ともにサービスの向上を目指す仲間であってほしいと願っています。

異業種から介護サービスへ参入する事業経営者が増えています。そうした新しい事業経営の風が、サービスの質の向上に向かう風であってほしいと願って止みません。新しい経営視点を持って、介護の質を高めるフロンティアには、福祉現場に携わる専門職として、先輩として、仲間として、できる限りの協力をしたいと思います。

同時に介護事業のベンチャーは、利益至上主義のベンチャーではなく、志をより高いところにおいてほしいと思います。介護事業は、単なるサービスではなく権利保障でもあるのです。それは経営視点と相反するものではないと思います。世の中の人々が豊かに暮らし続ける新しい方法論を創っていく先に、自ずと利益が生まれるのではないでしょうか。高い理念をもって、その実現を図ることが顧客の信頼となり、地域になくてはならない存在として認められ、安定経営にもつながっていくと考えます。

そういう人たちと一緒に、人の命と暮らしを守り、誰しもが安心して暮らすことのできる社会を作っていくことも大事です。僕たちの気がつかなかった視点から、新しい気づきをもらいながら、僕たち自身や、僕たちの愛する子や孫が安心して使える介護サービスを作っていく必要があります。

98

花より弱い人の暮らしに寄り添う使命

これまで出会ってきた「赤い花」が、介護の未来を変えていくのです。

一年を振り返ると、あっという間に時間が経過してしまったことに唖然《あぜん》とすることがあります。しかし実際には、なかなか時間が過ぎてくれなかった一時間とか、夜明けが遠く感じた長い夜とか、その時々の心理状態で時間の感じ方は違ってきます。

それでも人の人生は、確実にそれぞれのゴールに向かっているのです。どの一日も、どの一時間も、どの一分も、どの一秒も、本当は貴重なのだと振り返ったときにわかるのです。だから日々の暮らしを大事にしたいと思います。日々の出会いを大事にしたいと思います。苦しい時間を過ごさねばならないときでも、誰かがそこに寄り添ってくれるだけで耐えられることがあります。だから自分と同じ方向を目指してくれる仲間が大事です。

僕は、介護を職業としている人が持つべき誇りとは、僕たちの存在が誰かの心を癒す赤い花のようになることだと主張し、全国で仲間を作ってきました。そのことに共感してくれる僕の周りに咲く名もない花たちが、力強さになり、魂になってくれます。花より弱い人の命だからこそ、僕たちは、その命を守るために使命感と誇りを持って日々の業務にあたっていく必要があります。短い時間を悔いなく過ごすために…。

99

天のない介護サービス

手が届かないからと諦めるのではなく、手を伸ばしてどこまでも高い天を目指しましょう。

人の価値観や望みや嗜好《しこう》は、常に変動するものです。介護サービスはこうした利用者の変化を無視して存在することはできません。介護サービスは、この遷《うつ》ろう人間の感情に対応しつつ、常に「より良い方向へ」とベクトルを向けていかねばなりません。

人は身体状況も変化しますから、その時点でベストの方法であっても、いつまでもそれがベストのままであり続けることは不可能です。ケアサービスの対象となる人々の生活環境の変化や加齢に伴う身体状況の変化、そうした様々な変化によって、求められるサービスの方法論が違ってくるのです。だから介護サービスに求められる考え方は「天のない介護サービス」なのです。しかしそれは手の届かぬものを諦めてしまうという意味ではありません。天を常に高くしていくのは僕たち自身なのです。僕たちの意識を変えていくという意味です。

我々は、届かぬ天に向かって常に手が届く方法がないかを探し続ける存在なのです。それは我々に与えられた使命であり、そのことを目指すことが介護現場におけるモチベーションだと思っています。昨日を振り返り、今日を大切にすれば、明日はほほえんでくれると信じて、高い天を目指すのです。

菊地雅洋（きくち・まさひろ）

1960年、北海道上川郡下川町下川鉱山に生まれる。北星学園大学文学部社会福祉学科を卒業し、社会福祉士・介護支援専門員など多数の資格を保有。特別養護老人ホーム緑風園・デイサービスセンター緑風園（北海道登別市）の総合施設長を経て、現在、介護老人保健施設クリアコート千歳（同・千歳市）の事務次長。北海道介護福祉道場あかい花の代表を務める。BBS「介護・福祉情報掲示板」とブログ「masaの介護福祉情報裏板」が大人気で、著書『人を語らずして介護を語るな』シリーズ（ヒューマン・ヘルスケア・システム）の全3作が好評発売中。雑誌『シニア・コミュニティ』（同）に「介護福祉道場あかい花発 masaの声」、『地域包括ケアを担う施設ケアマネ＆相談員』（日総研出版）に「masaの相談員雑感」などを連載中。

介護の詩《うた》　明日へつなぐ言葉

2014年　5月1日　第1刷発行
2014年12月1日　第2刷発行
2016年　9月1日　改訂第1刷発行

著　者　菊地雅洋
発行者　松井直樹

発行所　株式会社ヒューマン・ヘルスケア・システム
東京都中央区日本橋横山町2-4（〒103-0003）
TEL 03（5640）2376　FAX 03（5640）2373
http://www.hhcs.co.jp/
Eメール info@hhcs.co.jp
装　丁　加藤千晶
印刷・製本　モリモト印刷株式会社

ISBN978-4-902884-24-1 C0236